AF461655

22 AOUT 1914

Le 113e à Signeulx

Photographies de M. le capitaine M. ARNOUX
: Carte spéciale dressée par HUBERT-FILLAY :
: : d'après les "Kroki" de Heldengraber : :

La Maison SCHREDER
entre Signeulx et Baranzy

Mme et M. MARX
(Mme Marx porte la robe qu'elle avait le 22 août 1914, à l'ambulance des sœurs).

LE PETIT-MOULIN, entre Signeulx et Baranzy.

2 1

(1) Sœur Aloysia Weber et (2) sœur Marie Magoteaux au seuil de l'école-ambulance

Le cimetière militaire de SIGNEULX

Nord
Est
Forêt d'Etalle
Bois
Bois
Etalle
Robelmont
Houdrigny
Virton
Dampicourt
St Mard
Harnoncourt
Lamorteau
Montmédy
Belmont
Ethe
Laclaireau
Route d'Arlon
St Leger
J.R.124
J.R.120
Rachecourt
Bleid
Gomery
Château de Gerlache
Latour
Chênois
Ville Haute
Belgique
Ligne de Virton à Athus
Signeulx
Mussy la Ville
Barancy
Musson
Halanzy
Athus
Ligne de Virton à Athus
Frontière
Ville Houdlemont
St Remy
Ruette
Grandcour
Buré la Ville
St Pancré
Cussigny
Gorcy
Cosne
Longwy
Tellancourt
Villers la Chèvre
Malmaison
France
J.R.19
G.R.7
J.R.154
J.R.50
J.R.46
J.R.30
J.R.47
G.R.125
J.R.124
J.R.127
J.R.127
J.R.127
G.R.110
J.R.125
J.R.125
Cimetière
Fusillade du Bourgmestre d'Ethe
Les signes □→ suivis de lettres et de chiffres indiquent la marche d'unités allemandes
D'après des documents allemands et les Kroki du Heldengräber.

22 Août 1914

LE 113e A SIGNEULX

« ... Mon âme se déchire, mais il faut tout mettre à feu et à sang, égorger hommes, femmes, enfants et vieillards, ne laisser debout ni un arbre, ni une maison. Avec ces procédés de terreur, les seuls capables de frapper un peuple aussi dégénéré que le peuple français, la guerre finira avant deux mois, tandis que si j'ai des égards humanitaires, elle peut se prolonger pendant des années. Malgré toute ma répugnance, j'ai donc dû choisir le premier système. »

Lettre de Guillaume II à François-Joseph.
(Premiers jours de la guerre.)

A Monsieur C. DANO

Intendant militaire directeur du XIe corps d'armée
Secteur 80

Vous avez bien voulu vous intéresser à mes recherches, les encourager, soumettre au commandement les résultats acquis et consignés dans mes rapports ; vous avez souvent daigné m'accompagner dans ces enquêtes au cours desquelles l'atroce vérité, peu à peu, se faisait jour ;

Vous avez compris l'immense service qu'on rendrait aux familles en identifiant ces Morts glorieux que les Allemands nous cachent encore comme ce qu'ils nous ont volé de meilleur et de plus beau ;

Peut être, grâce à votre généreuse intervention, les ténèbres où sont plongés nos héros disparus se dissiperont-elles bientôt...

Au moment où je vais cesser de servir sous vos ordres, permettez moi de vous dédier ces pages comme un témoignage de ma respectueuse reconnaissance et de mon sincère dévouement.

Virton, 23 janvier 1919.
H.-F.

Théâtre des opérations

Si l'on en croit le « *Helden Graber in Sud Belgien* (1) », luxueux album illustré (aujourd'hui introuvable en librairie) que MM[elles] de Gerlache ont bien voulu me confier quelques jours, les Allemands considèrent qu'il y eût deux batailles autour de Virton :

1° la bataille Baranzy-Bleid, menée par le XIIIe corps d'armée (Kgl. Würtemberg) ;

2° la bataille Ethe-Virton-Robelmont, menée par le Ve corps d'armée ;

Au nord-ouest s'est déroulée la bataille Rossignol-Tintigny-Bellefontaine (VIe corps d'armée).

Les « kroki » (*sic*) du Helden Graber indiquent la marche des troupes allemandes et contribuent, dans une certaine mesure, à les identifier dans les atrocités qu'elles ont commises. C'est à ce titre que je les reproduis.

Ces cartes forment d'ailleurs un excellent guide pour suivre les opérations auxquelles il est fait allusion dans mon enquête.

N'ayant aucune donnée sérieuse qui m'autorise à indiquer les plans et projets des armées en présence, je n'essaierai pas, dans ce livre qui tend uniquement à révéler la vérité à la lumière de témoignages dignes de foi, d'épiloguer sur la tactique et la stratégie des adversaires.

J'emprunterai seulement à l'*Illustration* du 9 janvier 1915, (M. Champaubert) ces indications générales sur la marche des événements : « A l'aile gauche, le 21 et le 22 août, nos 3e armée (général Ruffey) et 4e armée (général de Langle de Cary) se heurtaient aux colonnes allemandes dans le Luxembourg belge. Le terrain très boisé ne se prête pas aux reconnaissances d'avions, ni de cavalerie, l'artillerie y manque de vues, notre infanterie qui se laissa surprendre sur plusieurs points, dut céder devant le nombre et fut rejetée vers la frontière. »

En fait il résulte de quantité de témoignages recueillis, que, depuis le 10 août, tandis que par petits groupes, des cavaliers allemands parcouraient le pays, l'armée ennemie massait des forces considérables dans les bois (forêts d'Etalle, de Saint-Léger, etc.).

« Plusieurs jours avant la bataille de Bellevue, me rapporte M. Servais, il fut interdit à la population de pénétrer dans la forêt. »

M. Ollivier, vétérinaire à Baranzy, me signale que pendant toute la nuit du 21 au 22 août 1914, de l'infanterie et de l'artillerie allemandes traversèrent le village, descendant vers Signeulx. »

A Mussy-la-Ville, le secrétaire communal me déclare

(1) Edité par M. Dumont Schauberg à Cologne.

que les forces françaises étaient d'une infériorité numérique marquée par rapport aux troupes allemandes.

Le cran de notre infanterie, les prodiges accomplis par notre artillerie ne purent indéfiniment tenir en échec la ruée germanique.

Ce serait néanmoins une erreur de croire que les combats de Bellevue, d'Ethe, de Latour-Gomery, de Signeulx se soldèrent pour nous seuls par de lourdes pertes.

Les Allemands, qui s'entendent aussi bien à truquer leurs chiffres que leur camelote, redoutèrent de laisser connaître les sacrifices que la lutte leur coûta. Nombreux sont les habitants qui ont vu passer de nuit, des camions allemands chargés de cadavres auxquels une sépulture a été refusée dans les cimetières kolossaux de Bellevue, Ethe, Signeulx, Baranzy, Latour ou Laclaireau.

Et néanmoins les relevés dressés par les Boches au moment de l'exhumation des cadavres attestent que les feldgraüen tombés sur le sol gaumais, à la fin d'août 1914, furent légion !

SIGNEULX (1)

Au voyageur qui suit le chemin de Saint-Mard à Baranzy, le paysage se présente d'une façon régulière et assez monotone, sous l'aspect que voici :

Entre des coteaux qui moutonnent en lignes parallèles au nord et au sud, la vallée, peu profonde, s'allonge, sillonnée par la Basse-Vire (petite rivière large de quelques pieds), le chemin de fer de Virton à Athus et la route bordée d'arbres.

Au nord, les coteaux sont à peu près dénudés, mais au sud, vers la frontière française, ils se couvrent de bois dont les masses, irrégulièrement découpées, descendent vers le cours d'eau. Des prairies bordent généralement la rivière. Parfois des oseraies.

L'ensemble du paysage est tranquille et reposant.

La grande route traverse d'abord Chénois et Latour, puis, après avoir coupé un taillis, débouche dans le village de Signeulx, oblique à droite au sud de l'église, plonge vers la Basse-Vire, franchit un petit ruisseau pour remonter enfin dans la direction de Baranzy.

C'est après avoir atteint cette route le 21 août 1914, que des troupes françaises composées du 113e, du 131e d'infanterie et de quelques éléments du 4e d'infanterie, trois régiments appartenant au 5e corps, devaient essuyer le 22 août au matin un sanglant échec dans le triangle formé par les chemins qui rejoignent Signeulx, Baranzy et Mussy-la-Ville.

---

(1) On prononce Signeull dans le pays.

Le 21 août, la journée s'était achevée sur le succès des Français. Les Boches avaient laissé le champ libre à nos poilus. Ce premier engagement ne nous avait coûté que des pertes légères.

L'artillerie n'avait pas eu à intervenir.

Le samedi 22 août, au lever du jour, l'action reprit.

Les Français, ayant dépassé les routes de Signeulx à Baranzy et à Mussy-la-Ville, s'élancèrent dans le brouillard sur les pentes au nord de la vallée. A travers les champs sur lesquels des moissons restaient encore parfois, ils se heurtèrent bientôt aux premières lignes allemandes. Celles-ci, abritées dans des tranchées copieusement pourvues de mitrailleuses, étaient servies par la brume épaisse qui les dissimulait aux assaillants.

Emportés par leur ardeur accoutumée, les Français avançaient en masse compactes lorsque les Boches ouvrant un feu terrible, se chargèrent d'arrêter l'élan de notre infanterie. C'est par rangs entiers que nos soldats, fauchés par les balles, tombèrent pour ne plus se relever...

« On trouvait les Français couchés en ligne... » dit un témoin oculaire en me rapportant comment l'enlèvement des blessés et des morts s'effectua sur le champ de bataille.

Disloquées par ces atroces rafales, nos formations ne tardèrent pas à perdre pied. Le signal de la retraite fut donné et sous le feu de l'artillerie allemande, vers 9 heures du matin, les blessés affluaient dans le village de Signeulx.

Les écoles où des ambulances étaient installées depuis quelques jours (1), l'église de Signeulx regorgeaient d'hommes réclamant des soins.

Les maisons, les granges étaient également pleines de nos soldats, il y en avait jusque dans les rues et sur les places lorsque les Allemands se présentèrent à l'entrée du bourg

A ce moment l'artillerie française commençait à arroser d'obus le sud du village...

Je laisse la parole aux témoins du drame. Depuis le début de la lutte jusqu'à l'évacuation des blessés et à l'inhumation des morts, nous saurons par eux ce qui s'est passé à la fin d'août 1914 sur le coin du Luxembourg belge, dont tant de familles du Loir-et-Cher, du Loiret et de l'Yonne ne parlent pas sans épouvante : Signeulx !

---

(1) Voir plus loin les soins donnés au uhlan Frick avant le 22 août dans l'ambulance de l'Ecole des filles.

Les opérations du 113e régiment d'infanterie
les 21 et 22 août 1914

A. — JOURNÉE DU 21 AOUT 1914

A la suite d'un ordre parvenu le 21 août à Mangiennes, le 113e forme arrière-garde d'une colonne de division. Le 3e bataillon prend la tête, suivi du 1er et du 2e bataillon, ce dernier venant de Pillon.

L'itinéraire est celui-ci : Mangiennes, Saint-Laurent-sur-Othain, Longuyon, Pont-Ouest, Tellancourt, Saint-Pancré, Signeulx.

La compagnie divisionnaire du génie accompagne le 3e bataillon. Un groupe d'artillerie ferme la marche.

En arrivant à la hauteur de Nouërs une compagnie couvre le régiment, à droite des mesures de détail sont prises pour la traversée de Longuyon. A Tellancourt, le 1er bataillon détache une compagnie sur Saint-Rémy pour établir une liaison avec le 4e corps d'armée.

Quelques cavaliers ennemis sont signalés à la lisière des bois au nord de Tellancourt.

Vers midi 30, la tête du régiment atteint Saint-Pancré.

Le 3e bataillon est poussé immédiatement sur Ville-Houdlemont par Buré-la-Ville.

Le 2e bataillon le suit.

Le 1er bataillon reste disponible vers Buré-la-Ville, une de ses compagnies garde Saint-Rémy.

Parvenu à la lisière nord de Ville-Houdlemont, le 3e bataillon ouvre le feu sur des cavaliers qui croisent à hauteur de Signeulx.

A 16 heures le stationnement prévu est le suivant : le 3e bataillon fournit les avant-postes à Bleid et à Mussy-la-Ville avec postes à Baranzy, il fait liaison à Cussigny avec le 131e d'infanterie et à Pont du Chaché (entre Signeulx et Latour) avec le 4e corps d'armée.

L'état-major et le 2e bataillon cantonnent à Signeulx.

L'état-major de la 18e brigade et le 1er bataillon cantonnent à Ville-Houdlemont, en liaison à Saint-Rémy avec le 4e corps d'armée.

A 17 heures, le chef du 3e bataillon, commandant du Chaylard, fait connaître que la section Menesson, détachée de la 9e compagnie sur Baranzy est entrée en contact en face du village avec une compagnie allemande ; que la 10e compagnie en s'établissant sur les pentes sud de Mussy-la-Ville, signale la présence d'importantes forces d'infanterie allemande en des tranchées creusées au nord de Mussy.

Une compagnie du 2e bataillon est envoyée au secours

de la section Menesson dans la direction de Baranzy. La section Menesson se replie devant des forces d'infanterie et de cavalerie ennemies très supérieures.

Les 9e et 12e compagnies sont déployées, prêtes à recueillir les sections engagées.

Vers 18 heures, le 2e bataillon reçoit l'ordre de renforcer les éléments engagés vers Baranzy. Il rend compte à 18 h. 20 que la 6e compagnie est à cheval sur la route de Signeulx à Baranzy, à la hauteur de la station. Les 7e et 8e compagnies la protègent à gauche. La 5e compagnie est en réserve.

L'artillerie allemande est entrée en action.

La situation se maintient jusqu'à la nuit.

Les unités du 3e bataillon organisent les pentes de Bleid et de Mussy-la-Ville.

Le 2e bataillon complète le travail entre le 3e bataillon et la station de Signeulx.

Le 1er bataillon est disponible à Ville-Houdlemont.

B. — JOURNÉE DU 22 AOUT 1914

En exécution de l'ordre général n° 12 de la 9e division d'infanterie, complété par un ordre verbal du général commandant la 18e brigade d'infanterie, le 113e se porte à l'attaque du front Baranzy-Genneveau, accompagné par un peloton de génie.

Le régiment se forme en lignes de colonne doubles de bataillon et se porte à l'attaque sur le front indiqué vers 5 h. 30.

Objectif : Baranzy-Genneveau-Rachecourt.

Le 3e bataillon à gauche, une partie du 2e bataillon déjà engagé la veille, à droite, une partie du 1er bataillon à droite.

Quelques compagnies du 2e et du 1er bataillon en réserve avec la musique, le drapeau et l'état-major du régiment.

Le 131e régiment d'infanterie à droite, le 4e corps à gauche.

La marche est gênée par un brouillard intense. Les unités se heurtent aux positions allemandes.

Le régiment se porte énergiquement à l'attaque.

Après avoir tenté par deux fois l'assaut des premières tranchées, il se voit contraint, vers 8 h. 30 de se replier vers la sortie nord et nord-est de Signeulx.

Il subit des pertes énormes.

Le 4e d'infanterie se porte à Signeulx pour renforcer le régiment.

Le colonel est blessé, les trois chefs de bataillon tués, blessés ou disparus.

Les trois quarts des capitaines blessés, disparus ou tués. Le capitaine adjoint au colonel est blessé.

Le capitaine de la Giraudière, adjoint au chef de corps, rassemble à Buré-la-Ville le reste du régiment avec le sous-lieutenant Lecourt (500 hommes environ).

Après avoir stationné quelque temps au sud de Saint-Pancré où il occupe, par ordre de la division, les hauteurs en lisière des bois, il reçoit l'ordre de se diriger sur Tellancourt.

Par ordre verbal donné au capitaine adjoint par le général Brochin, le régiment va occuper Petit-Xivry pour la nuit.

Il y arrive vers 15 heures.

Déclaration d'un officier du 113e

Partis le 21 août 1914 au matin de Pillon et de Mangiennes, nous apprîmes par nos patrouilles de cavalerie qu'il ne se trouvait devant nous que des éclaireurs qui se retiraient vivement à notre approche.

Le *Bulletin des Armées*, dont nous venions de recevoir les premiers exemplaires, nous annonçait d'ailleurs que l'ennemi n'opposait qu'une faible résistance à notre marche en avant.

Cependant nous avions pu constater, en passant à Mangiennes, où une affaire assez grave avait eu lieu, que le 130e régiment d'infanterie avait été fortement éprouvé au cours d'un engagement avec une division de cavalerie allemande.

Avant notre départ de Pillon, un avion boche s'en vint rôder près de nous, mais trop loin pour que nous puissions le tirer. Nous ne vîmes pas d'avions français dans ces jours là.

Après une marche d'une trentaine de kilomètres, retardée par les investigations de nos avant-gardes dans une région accidentée, nous passâmes à Longuyon où la cavalerie allemande avait fait de fréquentes apparitions depuis quelque temps.

De Longuyon à Tellancourt, les fils télégraphiques étaient coupés.

A Saint-Pancré, des habitants nous dirent que depuis une semaine, l'ennemi occupait la frontière belge.

Nous prîmes quelque nourriture. Les hommes se reposèrent un instant, puis nous partîmes sur Ville-Houdlemont.

De la crête, à l'ouest d'Houdlemont, on entendait des coups de fusil dans le lointain, entre Bleid et Mussy-la-Ville. C'était sans doute le 1er bataillon, marchant en avant-garde du 113e qui était en contact avec les Boches.

Nous devions cantonner à Ville-Houdlemont et Signeulx. On disait que nous n'aurions pas de difficultés sérieuses avant Arlon et nul ne prévoyait alors l'échauffourée du lendemain.

Un rassemblement du régiment eut lieu à la frontière, entre Ville-Houdlemont et Signeulx.

Nos premiers éléments franchirent la frontière dans la soirée.

D'après les ordres reçus, le 1er bataillon devait occuper la région Bleid-Mussy-la-Ville, le 2e bataillon avait Baranzy pour objectif. Le jour déclinait quand nous fûmes près du ruisseau qui descend des hauteurs de Mussy-la-Ville sur la Basse-Virc, à l'est de la gare de Signeulx.

Ce ruisseau fut franchi à la tombée de la nuit et d'une maison isolée sur le coteau, à droite, en bordure de la grande route de Signeulx à Baranzy (1), je distinguai vaguement ce qui se passait sur le coteau, au nord. Notre 6e compagnie était aux prises avec des troupes allemandes. Vers 10 heures du soir, la 6e compagnie fut relevée. Elle avait perdu six ou sept tués et une douzaine de blessés.

Nous nous installâmes en cantonnement d'alerte au centre de Signeulx et je revins à l'entrée du village (2) avec ma section pour y prendre des ordres. Aucune modification ne fut apportée aux instructions reçues. On dormit tout habillés, les chevaux prêts à partir, dans ces maisons du village qui se trouvent entre l'église de Signeulx et le pont du chemin de fer.

Le 3e bataillon, qui était aux avant-postes, travailla toute la nuit à creuser des tranchées au nord de la maison Schreder.

De son côté, le 2e bataillon préparait le terrain entre Mussy-la-Ville et Signeulx.

La nuit s'acheva sans incident notable.

Le 22 août, avant le lever du jour, l'ordre fut sans doute donné de prendre les positions de combat sur les lignes d'avant-postes qui venaient d'être organisées.

Avec ma section de mitrailleuses, je me dirigeai sur la maison Schreder. J'y restai peu de temps car nous fûmes relevés et rejoignîmes le 2e bataillon auquel nous appartenions, sur le chemin de Signeulx à Mussy-la-Ville, à quatre ou cinq cents mètres au nord-ouest de la maison Schreder.

Nous étions avec la 6e compagnie.

Il devait y avoir là les 5e, 6e et 7e compagnies qui prenaient leurs dispositions en vue de l'attaque. La 8e compagnie était en réserve.

Le brouillard était très épais.

On ne distinguait rien au-delà d'une trentaine de mètres, sauf au cours de rares éclaircies.

A la maison Schreder, le capitaine Fromieux m'avait dit que son secteur était tranquille jusqu'à sept ou huit cents mètres au nord, mais que l'ennemi était proche.

---

(1) Maison Schreder.

(2) Maison Hallet.

Nous savions du reste que les Boches occupaient Baranzy.

Vers 5 heures, une patrouille de quatre cavaliers allemands s'avança jusqu'à quarante ou cinquante mètres de la 6e compagnie sur la colline (1). Nos soldats tirèrent et les Boches s'empressèrent de tourner bride et de s'enfuir dans le brouillard. On entendit le galop de leurs chevaux sur la route de Baranzy.

Peu après, nous attaquions en ligne. Il n'y avait là que des troupes du 113e : le deuxième bataillon marchait sur Baranzy, le premier sur Mussy-la-Ville. Aucun changement n'avait été apporté aux ordres de la veille.

La nuit ne nous aurait pas réservé plus d'embûches que cette brume opaque noyant un pays inconnu. Les cartes d'état-major elles-mêmes ne nous renseignaient plus... (2)

Dans ces champs — pas toujours fauchés, — nous allions sans savoir qui se trouvait en face de nous ou sur nos côtés. Les liaisons étaient particulièrement difficiles et notre artillerie n'avait pas encore ouvert le feu pour déblayer le terrain.

L'allure était un peu vive... Il était d'ailleurs impossible de retenir les hommes qui, depuis longtemps, brûlaient du désir de cogner sur les Boches. Ils n'avaient jamais aperçu que des patrouilles, aussi vite envolées qu'une bande de moineaux... « On les tient, on va leur passer quelque chose !... » Voilà ce qu'on disait autour de moi.

Je marchais avec mes mitrailleurs, derrière la 6e compagnie. Vers 6 heures, la fusillade commença. Le petit ruisseau traversé, nous montions alors sur la hauteur entre Mussy et Baranzy.

Soudain des coups de feu éclatent sur notre gauche. Des balles sifflent autour de nous. Je fais abriter mes hommes et je me porte seul, à travers les blés encore debout ou les tas de gerbes, vers l'endroit d'où l'on nous tire dessus.

Je crois trouver des camarades, leur signaler leur erreur... Arrive une éclaircie — j'aperçois tout à coup une dizaine de casques à pointe au milieu d'un champ... Une décharge de coups de fusil achève de m'édifier.

Je rejoins vivement ma section. Sommes-nous tournés ? les Boches ont-ils traversé nos lignes à la faveur du brouillard ?

Je ne peux rien faire contre eux avec mes mitrailleurs. Je les emmène donc vers la route de Baranzy. Là, je

(1) A peu près sur l'emplacement occupé par le cimetière militaire de Signeulx aujourd'hui.

(2) Au-delà de la frontière les cartes d'état-major ne portent plus les indications habituelles (bois, marais, cotes d'altitude, etc..., etc.).

rends compte au colonel de ce qui se produit. Je lui signale que des Allemands, arrivés là je ne sais comme, nous menaçent sur notre gauche.

Une section d'infanterie est chargée de refouler le groupe ennemi et le colonel me garde en réserve avec la 8e compagnie. Nous sommes près du ruisseau qui coupe la route de Signeulx à Baranzy.

Nous restons là assez longtemps.

Le feu augmente d'intensité.

Nous recevons des balles du nord et du sud, de la direction de Mussy-la-Ville et de Cussigny.

Ordre est donné au 113e de battre en retraite.

Nous venons nous installer dans les tranchées creusées la nuit précédente aux abords de la maison Schreder.

Nos troupiers se replient sur la route à travers le brouillard. Il pleut de la mitraille. Les canons, les mitrailleuses et les fusils allemands font rage et couvrent la position d'une grêle de projectiles. Notre artillerie reste muette. Elle ne sait vraisemblablement pas quels objectifs prendre, tandis que l'ennemi qui a repéré soigneusement la contrée nous arrose aux bons endroits.

Un bataillon du 131e nous a rejoints.

Le général Brisset est avec nous. Il se tient au nord de la route de Signeulx à Baranzy, près du magasin Schreder. Il organise la défense avec beaucoup d'énergie et de sang-froid.

Je vois passer le colonel Gérardin, grièvement blessé (1). Il s'appuie sur le capitaine de la Giraudière, blessé lui aussi. Moi-même je suis touché à mon tour. Une balle venue de ma gauche (direction de Mussy-la-Ville) vient me chercher dans un trou de tirailleur tandis que je surveille les mouvements de l'ennemi.

Le projectile est entré dans l'aine. Deux de mes soldats essaient en vain de me panser. Ça ne tient pas.

Comme nous recevons l'ordre de changer de position, le sergent Lépicier prend le commandement de ma section qui passe au sud de la route. Une deuxième section est dans la vallée, près du ruisseau de la Bache ; une troisième près de la maison Schreder (sous les ordres d'un commandant du 131e).

Resté seul, je cherche à me faire soigner. Des brancardiers me transportent au poste de secours de Signeulx. Là, je suis pansé par un médecin et de l'école de garçons, on me conduit chez le douanier Chardet. Il est entre 9 heures et 10 heures. Le village est déjà plein de blessés.

J'entends la fusillade se rapprocher, les cris et les détonations emplir le hameau au moment où les Allemands entrent dans Signeulx.

---

(1) Voir plus loin la déclaration de Mme veuve Gérard-Derlet.

La chambre où je suis couché ne donne pas sur la rue, mais, de la pièce contiguë, les Chardet peuvent voir ce qui se passe au dehors. Malgré le danger qu'il y a pour eux à se montrer à la fenêtre, ils regardent par intervalles...

Leurs paroles ne me laissent rien ignorer des évènements qui se déroulent sous leurs yeux. Ils sont épouvantés. Les Boches achèvent les blessés restés sur la place ou sur la route...

Mes hôtes craignent qu'on me découvre, que je sois égorgé, qu'on les fusille ensuite... On me descend dans une écurie. Au soir, un médecin auxiliaire m'en fait remonter et coucher dans un lit. Une piqûre calme un peu ma fièvre...

Le lendemain, un officier allemand se présente à moi. Il me dit : « Vous êtes prisonnier, vous serez bien traité si vous me donnez votre parole d'honneur de ne pas chercher à vous évader. » Je refuse : « Je veux suivre le sort de mon colonel. »

Je reste deux jours à Signeulx.

Le 24 août, une charrette de paysans me conduit à Gorcy.

Le long du chemin, je vois les soldats allemands qui mènent les attelages descendre de leur siège pour piller les maisons.

Personnellement, je n'ai pas à me plaindre de la conduite des Boches à mon égard. Ils ne me volèrent rien et quand ils s'emparèrent d'un carnet que je portais sur moi, j'en avais arraché les feuilles où figuraient des renseignements de quelque intérêt.

Déclaration de M. le curé GODIN

M. le curé Godin (qui m'expose les faits avec la plus grande clarté et qui néglige seulement de me signaler le tranquille héroïsme qu'il a montré) (1), trouve en sortant de sa messe, vers 10 heures du matin, M. le commandant du Chaylard, du 113e régiment d'infanterie. Le chef de bataillon, blessé à la jambe, s'entretient un instant avec le prêtre, mais on réclame ce dernier et les deux hommes se quittent. M. le curé Godin croit savoir que le commandant du Chaylard, après avoir été dirigé sur Gorcy (à une dizaine de kilomètres au sud-est de Signeulx, en terre française) a été envoyé ensuite comme prisonnier de guerre en Allemagne. M. le colonel Gérardin, du 113e ré-

(1) Au témoignage de Mme Marx, des sœurs Aloysia et Saint-Pierre, de Mme veuve Gérard, sans souci des balles, M. le curé Godin circula toute la journée dans le village, se rendant partout où il était appelé. C'est ainsi que vers dix heures du matin, au sortir de l'ambulance, M. Godin partit sous la fusillade vers la gare de Signeulx où des blessés le demandaient.

giment d'infanterie, blessé, lui aussi, après avoir été logé chez Mme veuve Gérard a été évacué sur Gorcy, mais M. Godin ne peut indiquer ce qu'il advint de lui plus tard. Du reste dans ces heures troublées la population de Signeulx, débordée par les événements, affolée par les cris, les plaintes, les coups de fusil, l'éclatement des obus, l'incendie des maisons, les menaces et les assassinats commis par les Boches, ne savait où donner de la tête et les mille incidents qui se produisaient ont échappé à l'attention ou à la mémoire de ceux qui en furent les témoins.

Ce dont se souvient parfaitement M. Godin, c'est qu'à un moment déterminé, les Boches commencèrent à incendier le village. Prenant sans doute prétexte de ce que l'artillerie française, occupant la ligne Ville-Houdlemont-Saint-Rémy, avait lancé un obus sur une maison située non loin de la gare de Signeulx, les Allemands répandus à travers le hameau, mettaient le feu dans les maisons où nos blessés s'étaient réfugiés, c'est ainsi que le café du Chemin de Fer, placé dans le bas de Signeulx fut brûlé.

Un fait survint alors qui arrêta l'ennemi dans sa rage de destruction.

Un uhlan blessé était hospitalisé depuis quelques jours avec un soldat français dans une ambulance. Sœur Aloysia, religieuse enseignante à l'école des filles de Signeulx et qui connaissait parfaitement la langue allemande, se jeta au devant des incendiaires, amena leur colonel jusqu'au chevet du uhlan et lui démontra ce que la conduite des envahisseurs avait d'odieux dans un pays où un soldat allemand avait été reçu et traité avec tous les égards que son état comportait.

Devant ces reproches et ces représentations, le colonel, honteux, fit cesser l'incendie de Signeulx (1) mais cinq maisons flambaient déjà et nombreux étaient les Français blessés, qui chassés par les flammes, ou n'ayant pu encore trouver de refuge, étaient massacrés dans la rue par les Boches. Ceux-ci tirèrent, dit-on, jusque dans les ambulances où les nôtres criaient aux femmes qui les soignaient : « Cachez-vous derrière nous... Nous sommes blessés, ça n'a plus d'importance... » Ces assassinats se produisaient notamment dans ou devant les écoles, près de la maison Hallet-Lefèvre (2), à côté de la maison Schreder. Aux abords de cette dernière on trouva plus tard un groupe de soldats français, fusillés, les mains attachées derrière le dos.

---

(1) M. Godin déclare rapporter ici le témoignage de M. Daine Xavier, de Signeulx. La déclaration de M. Marx, témoin de la scène, fait une lumière complète sur ces événements.

(2) Au café du Chemin de Fer.

Huit ou neuf cents blessés français se réfugièrent à Signeulx ou y furent conduits du samedi 22 août au mardi 25. L'affluence des soldats français ou allemands, empêcha les habitants de s'enquérir, séance tenante, des noms de ceux qui furent victimes d'attentats. Comme d'autre part les Boches ne tardèrent pas à provoquer l'inhumation des morts, il est fort improbable qu'on parvienne jamais à identifier les malheureux massacrés par l'ennemi dans Signeulx même,

Au moment où les faits qui viennent d'être rapportés achevaient de se dérouler, d'autres préoccupations retenaient d'ailleurs l'attention des villageois.

Les Allemands, leur rage un peu calmée, aspirant à des jouissances moins sanguinaires, s'introduisaient dans les maisons. Ils y recherchaient tout ce qui tentait leur appétit ou leur cupidité. Les gens de Signeulx devaient se résigner, de bon ou de mauvais gré, à livrer ce qu'ils possédaient.

Puis les Allemands, revenus à des soucis plus militaires, pensèrent au combat qui venait de s'achever et aux soldats tombés. Les habitants, sous la conduite du vainqueur, furent obligés de se rendre sur le champ de bataille, d'y recueillir les blessés et d'enfouir les morts en des fosses creusées çà et là. Chaque cadavre était débarrassé de sa plaque d'identité, de ses bijoux, de son argent, de son portemonnaie ou de son portefeuille. Ces objets étaient placés dans un seau qu'on vidait ensuite dans un sac. Finalement les sacs furent confiés au lieutenant Wieland de la 2e compagnie du 120e régiment d'infanterie allemande.

Un ordre écrit et signé de la main du lieutenant Wieland permet de fournir ces indications avec certitude.

J'ai eu cet ordre entre les mains.

M. Godin a toujours conservé cette pièce depuis la journée fatale.

Les sacs contenant les dépouilles de nos soldats restèrent à la disposition du lieutenant Wieland, à Signeulx, jusqu'à l'arrivée du 3e bataillon du 46e régiment d'infanterie de réserve qui occupa le hameau le 28 août 1914.

A ce moment, le lieutenant Legband, de la 11e compagnie du 46e régiment d'infanterie de réserve, alla trouver M. le curé Godin et lui remit deux sacs contenant 703 portemonnaies et portefeuilles ayant appartenu à nos soldats.

Sur ce papier M. le curé Godin est invité à conserver les précieuses reliques avec prière de les remettre au gouvernement français pour restitution aux familles des soldats tombés.

En échange de cette pièce et des deux sacs, M. le curé Godin dressa un reçu qu'empocha Legband.

Le 3 septembre 1914, l'oberleutnant Küthe, du 3e batai

lon du 27e régiment d'infanterie (landewhr) venait, avec ses troupes, remplacer le 46e à Signeulx.

Un fait curieux se produisit alors. Comme ses concitoyens, M. le curé Godin logeait chez lui quelques officiers boches et leurs ordonnances. Un de ces derniers ayant remarqué dans le bureau du prêtre deux sacs volumineux et flairant sans doute l'odeur cadavérique qu'ils dégageaient, se mit un jour en devoir de les visiter. Il s'apprêtait à faire main basse sur le contenu lorsqu'une personne appartenant à l'entourage du prêtre donna l'alarme..,

Pris en flagrant délit, le Boche ne fut pas longtemps embarrassé par la situation épineuse dans laquelle il se trouvait. Protestant de sa bonne foi, il jura ses grands dieux qu'il avait uniquement été attiré par le désir de savoir ce que renfermaient les deux sacs. Leur odeur était si forte qu'ils cachaient à coup sûr, le produit des vols commis par le curé sur le champ de bataille.

Une telle allégation, vérifiée aussitôt, eut mis M. le curé Godin en fâcheuse posture, mais celui-ci, fort heureusement pour lui, n'eût pas de peine à se disculper en présentant le billet du lieutenant Legband.

Les deux sacs et le billet de Legband furent de suite enlevés à M. le curé Godin contre remise d'un reçu signé de l'oberleutnant Küthe. Le prêtre conserve de cette chaude alerte et des menaces allemandes un souvenir inoubliable. Seul, le billet de Legband l'a sauvé du déshonneur et de la mort et je comprends l'émotion avec laquelle M. le curé Godin me montre et me remet ces deux épreuves photographiques à titre de souvenir.

Que devinrent les deux sacs de médailles, portemonnaies et portefeuilles ? Il paraît que les sacs délestés des bijoux, des billets de banque et de l'argent qu'ils contenaient furent d'abord envoyés au bourgmestre de Bleid. Tandis que les médailles et les livrets individuels prenaient cette destination d'allure officielle, les bijoux et l'argent recevaient une affectation plus certaine : ils étaient volés.

La meilleure preuve du pillage résulte de ce qui suit et que rapporte M. le curé Godin : « La veille du jour où les sacs furent enlevés du presbytère, l'ordonnance qui me dénonça comme détrousseur de cadavres, déclarait à une personne qui lui demandait l'heure : « Je n'ai pas de montre... A la guerre, pas besoin ! »

« Le soir même de l'enlèvement des sacs, le même soldat exhibait avec fierté une montre d'homme, et une petite montre en or (de femme).

« C'était le prix de la délation » conclut M. le curé.

Les bijoux et l'argent furent volés.

Les Boches auxquels ces ripailles ne pesaient point, se mirent à festoyer et à gaspiller en saoûleries « leurs trophées » (1) : dix mille francs environ que leur avait rapporté le vol de nos soldats. L'or, l'argent confiés par nos compatriotes à leurs enfants partant à la guerre ; l'or et l'argent que portaient les poilus du 4ᵉ, du 113ᵉ et du 131ᵉ tombés à Signeulx — environ dix mille francs, une petite fortune, — a été dissipé par le 3ᵉ bataillon du 27ᵉ régiment d'infanterie (landwehr) allemand, en buveries et en noces crapuleuses, commencées à Signeulx pour finir l'enfer sait où.....

Afin de terminer le récit de ce qu'il advint des plaques et des livrets recueillis à Signeulx et transportés à Bleid, ajoutons ces derniers détails : le 52ᵉ régiment d'infanterie (landsturm), composé de Wurtembergeois et commandé par Sinck, de Stuttgard, fit le relevé de nos morts en passant un peu plus tard à Bleid, il s'empara des objets ci-dessus, les ramena le 16 octobre 1914 à Signeulx d'où il les emporta avec les listes qu'il avait dressées.

Depuis, des personnes appartenant à la Croix-Rouge allemande ont appris à M. le curé Godin que les listes et les dix sacs contenant les dépouilles des Français auraient disparu au cours d'un bombardement, près de Varennes.

Il semble donc peu probable que jamais on ne puisse dresser une liste complète de ceux des nôtres qui sont morts à Signeulx à la fin d'août 1914 et dont les Boches ont fait assurer l'inhumation sous leurs yeux.

Un élément d'information subsiste.

On verra plus loin que les Allemands, sous prétexte de donner aux héros une sépulture convenable, avaient décidé de les exhumer et de les enfouir en des grands cimetières, « les centrales », à Signeulx, Bleid, Baranzy. A la vérité ce fut là une infâme comédie. L'inhumation, poursuivie en 1917 permit certes de placer nos morts dans un champs de repos digne de leur fin glorieuse ; mais elle donna surtout aux Boches la faculté de détrousser les cadavres des bijoux et de l'argent qu'ils conservaient encore (2).

Une liste, des listes furent ouvertes par les Boches. Ils y inscrivirent les noms des morts qu'ils parvinrent à identifier (?) mais jamais personne ne réussit à obtenir une communication officielle de ces listes. Saura-t-on jamais quels secrets la terre belge enferme dans les ossuaires de Signeulx, Bleid, Baranzy ?

« *Ayant pris connaissance du récit ci-dessus, je déclare qu'il est absolument exact. — Signeulx, le 15 Janvier 1919.* »

P. GODIN, curé.

---

(1) C'était le nom qu'ils donnaient à ce que leur avait procuré le pillage des cadavres.

(2) Voir dans la suite de nombreux témoignages recueillis notamment à Belmont et à Virton.

Déclaration de M. Marx Alfred, *chef de gare à Signeulx* (1).

« Me rendant de la gare vers l'ambulance de l'Ecole des Sœurs, le 22-8-14, vers 10 h. 1/2, après la retraite française du champ de bataille tout proche et avant l'investissement par les Boches, je constatai :

1° Que l'habitation du débitant M. Pierre, en face de la gare, avait été incendiée pendant le combat ;

2° Que les maisons appartenant à M. Nahant, instituteur et à M. Bilocq, douanier, n'étaient pas encore détruites, ni en feu. Elles ont été incendiées par les Boches sous prétexte que des blessés français y avaient cherché abri : deux, m'a-t-on dit, contre le pignon de M. Nahant ; un dans la cave de M. Bilocq où le malheureux a été retrouvé à l'état de cadavre en partie carbonisé.

3° Qu'il se trouvait à l'hôtel de M. Hallet (2) un fantassin français désarmé, blessé assez grièvement au mollet droit. Il me fut impossible de faire prendre de suite ce blessé, l'ambulance étant archicomble et les hurlements indescriptibles de l'envahisseur approchant rendant la prudence obligatoire. La fusillade continuait d'ailleurs. Je ne puis donner des détails certains au sujet du sort de ce troupier. L'hôtel a été incendié par ordre boche interdisant aux propriétaires — deux vieillards et leur bru — de sauver quoi que ce soit d'autre que leur vie.

Peu de temps après, les Boches, aux mugissements furieux, hurlaient à la porte de l'ambulance et brisaient une fenêtre. Au chef qui se présente pour entrer, (un sous-officier, ou officier subalterne, je pense,) nous déclarons en langue allemande avec la religieuse qui est, je crois, de cette nationalité (peut-être naturalisée), qu'il ne se trouve dans nos locaux que des blessés parmi lesquels un uhlan soigné, depuis plusieurs jours. Aussitôt j'entends très bien cet officier répéter à ses hommes : « Nein, nicht hier ! nein... » (non, pas ici ! non...) Après nous avoir fait remarquer que notre drapeau de la Croix-Rouge est partiellement enroulé autour de la hampe, et peu visible à distance, ils brisent les quelques fusils se trouvant devant et dans l'ambulance, puis s'éloignent.

Quinze ou vingt minutes plus tard, nouvelle visite, cette fois par un officier supérieur de très haute stature, avec une quinzaine d'hommes, tous revolver au poing — comme les premiers... Après inspection des locaux et visite au blessé boche, le colonel m'enjoint de le suivre pour trouver dans le village des chambres convenables pour recevoir des officiers boches blessés : major du zep-

(1) Cette déclaration entièrement écrite de la main de M. Marx et signée par lui, m'a été remise avec la carte du colonel von Ebbinghauser du 125e régiment d'infanterie allemande.

(2) Le café du Chemin de Fer.

pelin (?) et autres ; qui n'ont d'ailleurs pas été amenés à Signeulx, mais ont été concentrés à Baranzy sous des tentes. Spontanément, en sortant de notre ambulance et sans que j'en manifeste le désir, il m'est remis une attestation écrite (sur un tombereau de paysan) par cet officier et se traduisant ainsi : « Le uhlan Frick du 20e régiment a été fort bien soigné plusieurs jours par les sœurs et le chef de gare Marx, de Signeulx. Dont acte (sic) : Von Ebbinghauser, colonel 125e infant. 22.8.14.11. » Il m'est recommandé de bien garder cette carte (1) : « Ce sera bon pour le village » m'assure le colonel (2) : « Bewahren sie sorgfaltig dieses Zeugnisz, das wird gut sein fur das Dorf. »

Devant l'école des garçons, où une ambulance avait été improvisée, la nuit du 21 au 22 août, pour y opérer les grands blessés, et où je recherchai ensuite ma femme, je remarquai un certain nombre de soldats français morts : il me reste le souvenir plus particulier de deux fantassins avec plaies circulaires profondes, lèvres et abords noircis, respectivement à la gorge et à la poitrine. J'eus l'impression qu'ils devaient avoir reçu des coups de feu à bout portant.

Dans l'ambulance des sœurs, un obus français, (à une heure que je ne pourrais préciser dans cette matinée du 22), était venu fracasser la toiture et la grande cheminée de cuisine, tuant un blessé assis sur une chaise à moins de deux mètres de moi, et en blessant plusieurs autres.

Le 23 août, vers 8 heures du matin, je fus emmené vers la France sur l'ordre d'un sous-officier qui m'avait mis en joue parce que je n'obtempérais pas de suite à son signe de suivre les troupes en marche. Je fus relâché à 3 ou 4 kilomètres plus loin, entre Ville-Houdlemont et Saint-Pancré, après réclamation auprès du commandant du régiment.

Dans l'après-midi du même jour, plus de 700 blessés se trouvant dans le village et les alentours, je fis aménager toute la gare en ambulance pour recevoir les vaillants Français qui étaient 102 chez nous. Les secours médicaux étaient très insuffisants. J'intervins le 24 auprès du commandant du village qui fit prévenir les praticiens de l'hopital boche de Baranzy. Dans l'après-dîner, trois ou quatre gris (3) arrivèrent en auto, visitèrent les salles et s'en allèrent, sans rien dire, ni rien faire. A partir du 26, les autos luxembourgeoises et des chariots réquisitionnés, emmenèrent peu à peu nos blessés vers les hôpitaux de Gorcy, Halanzy, Messancy, Esch, Luxembourg.

Le seul médecin de régiment resté à Signeulx tenta

(1) J'ai cette carte entre les mains. H. F.

(2) D'après le Heldengraber il y avait aussi des hommes du 127e d'infanterie allemande.

(3) Les feldgrauen, les Boches.

une opération le 24, vers une heure, (épaule gauche à désarticuler) mais le pauvre poilu succomba pendant l'opération. J'avais mandé le prêtre auparavant.

Un second décès se produisit le 25 au matin. Les 42 derniers français (18 malades et 24 infirmiers, ces derniers venus successivement à la gare entre le 26 et le 30) furent transportés vers l'Allemagne par chemin de fer, dans la nuit du 30 au 31 août.

Virton, le 18 janvier 1919.
A. MARX.

En me remettant cette déclaration, M. Marx me signale que dans le village de Signeulx des meurtres ont eu lieu sur lesquels la lumière n'a jamais été faite. Il me dit notamment que le mari de Mme Hallet a été tué par les Boches, dans sa cave, mais que personne n'a jamais su comment les choses se sont passées.

Déclaration de Mme Marx, née Lapaille Eva-Ghislaine

En août 1914, Mme Marx habitait Signeulx. Son mari était chef de gare de cette localité.

Le 21 août, Mme Marx se rend à l'ambulance de l'école des filles pour soigner les premiers blessés français. Elle rentre chez elle vers minuit.

Le 22, vers 6 heures du matin, Mme Marx retourne à cette ambulance pour y préparer le petit déjeuner des blessés. Elle se rend ensuite près du presbytère, à l'ambulance de l'école des garçons. Un service de chirurgie vient d'y être installé. Déjà les salles sont pleines et de nombreux soldats attendent dehors qu'on puisse leur porter secours.

On vient chercher les médecins et seul, un major du 113e régiment d'infanterie (1) reste avec Mme Marx pour assurer le service. Mme Marx fait les pansements aussi promptement qu'elle le peut, mais ne suffit pas à satisfaire toutes les demandes qui lui sont adressées par les malheureux étendus par terre autour d'elle.

Un peu avant 10 heures, M. le curé Godin, appelé, vient confesser et administrer les derniers sacrements à une cinquantaine d'hommes. Ceux-ci font à haute voix l'aveu de leurs fautes et le prêtre leur donne l'absolution. Cette scène est si déchirante, dit Mme Marx, que je ne peux retenir mes larmes. Ma robe est pleine de sang jusqu'aux genoux. Un blessé français me tire à plusieurs reprises par ma jupe (2) Je m'inquiète : « Que voulez-vous, mon Ami ? — Vous dire merci, Madame, répond le blessé d'une voie affaiblie.

---

(1) A trois galons, précise sœur Aloysia.

(2) Celle-là même avec laquelle Mme Marx a été photographiée par le capitaine Arnoux en janvier 1919. Voir la gravure.

Vers 10 heures, Mme Marx s'occupe des soldats restés à la porte de l'ambulance, faute de place, lorsqu'une balle passe au-dessus de sa tête. On crie : « Voici les Boches ! il faut rentrer ! .. » Des balles pénètrent dans la maison.

Un certain nombre de blessés se réfugient dans l'ambulance. Le médecin-major dit : « Nous sommes perdus, nous n'avons pas de drapeau de la Croix-Rouge !... » Avec un morceau de pantalon garance, un lambeau du tablier du major, Mme Marx fabrique en un clin d'œil un petit drapeau qui est posé au sud, du côté de la rue. Malheureusement les Allemands arrivent par le nord, du coté de Mussy-la-Ville et l'emblême de la Croix-Rouge n'est pas visible dans cette direction. Les balles pleuvent dru comme grêle.

Le major donne l'ordre à chacun de se coucher sur le sol.

Mme Marx obéit. Cinq Français s'allongent près d'elle pour la protéger. Ils disent : « Laissez faire, Madame, nous sommes déjà blessés. »

Le major, debout, s'adresse alors à Mme Marx : « Nous sommes perdus si vous n'allez pas avec votre brassard et votre carte d'ambulancière empêcher les Allemands de tirer sur nous. »

Mme Marx se rend sur le seuil avec le médecin et la religieuse Antoinette Liégeois. Tous, ils supplient les Boches de cesser le feu.

Au-dessus, placé sur une hauteur, dans un petit jardin, un colonel allemand commande. D'un signe il suspend la fusillade et trois soldats boches s'avancent... L'un s'approche de la sœur Antoinette et l'entraîne chez M. le curé Godin. Les deux autres mettent en joue Mme Marx qui, d'un bond, rentre se cacher derrière les bancs... Aussitôt une décharge de coups de fusil éclate. Les murs sont criblés de balles.

Des soldats français montent dans le grenier. Mme Marx les suit. Dans le grenier, nos poilus font à Mme Marx un rempart de planches... Un blessé, fiévreux, crie à chaque instant : « Donnez-moi à boire ou tuez-moi ! »

De longues heures se passent... Lorsque le bruit de la fusillade a cessé, Mme Marx ayant vu par les interstices des tuiles que, dans la rue, une femme, Mme Lebrun, donne à boire à des soldats boches, se décide à sortir de sa cachette.

Dans l'ambulance, les blessés sont entassés les uns sur les autres et le médecin-major se dépense sans compter pour les soigner.

Sur le seuil, Mme Marx trouve les cadavres de deux Français qu'elle avait pansés dans la matinée. Légèrement blessés, à l'arrivée des Allemands, ils s'étaient en vain efforcés d'entrer dans l'ambulance. Ils avaient été tués là.

Dehors, dix ou quinze cadavres de Français, légèrement blessés eux aussi à leur arrivée, sont étendus.

A partir du 23 août 1914, Mme Marx a ouvert une ambulance à la gare de Signeulx. Deux cents blessés français y ont été hospitalisés et ont reçu des soins du médecin-major de l'ambulance, de M. Marx et de brancardiers français (1). Des personnes venant en automobile de Luxembourg, avaient organisé un service sanitaire. Elles emmenaient les soldats les plus grièvement blessés et apportaient presque chaque jour des friandises aux Français.

Ayant pris connaissance du récit ci-dessus, je déclare qu'il est absolument exact.

(Signé) : Epouse MARX.

Mme Marx complète ainsi sa déclaration : « Le village de Signeulx commençait à brûler, incendié par les Allemands, le 22 août, vers 11 heures du matin. Mon mari qui suivait les Français dans leur retraite et précédait les premiers Allemands, s'était arrêté à l'ambulance de l'Ecole des filles.

Au bruit fait par les Boches à leur entrée dans le village, M. Marx s'avança avec la sœur Aloysia et vit le colonel Ebbinghauser, du 125e régiment d'infanterie ; il lui expliqua qu'un ulhan était soigné depuis trois jours dans l'ambulance. Le colonel vit le ulhan, constata qu'il était l'objet de toutes les attentions nécessaires. Il avait du vin, des gâteries... Le colonel délivra alors à M. Marx une carte de visite sur laquelle il griffonna quelque mots au crayon. Il envoyait aussitôt quelques Boches crier à leurs camarades de ne plus rien incendier.

Cette déclaration soumise à sœur Aloysia Weber et à sœur St Pierre Magoteaux qui occupaient le 22 août 1914, l'école des filles de Signeulx (ambulance dans laquelle M. Marx séjourna) a reçu l'approbation que voici :

Ayant pris connaissance du récit ci-dessus, nous déclarons qu'il est absolument exact.

(Signeulx, le 17 janvier 1919).

Sœur St-PIERRE MAGOTEAUX.
Sœur ALOYSIA WEBER. »

Les deux religieuses apportent ces dernières précisions :

« Un blessé français laissé par nous, faute de place, de-

---

(1) Loncle Arthur, brancardier au 67e régiment d'infanterie notamment, interné ensuite au camp de Münster.

vant notre ambulance, le 22 août 1914, dans la matinée, a été achevé pendant que nous nous sommes absentées.

Voici comment les incendies ont pris fin :

« Sœur Aloysia, parlant la langue allemande, est allée trouver le colonel allemand au milieu de ses hommes. tandisque ceux-ci mettaient le feu, ça et là, dans le village. Elle a insisté auprès de lui pour qu'il visite le ulhan soigné à l'ambulance depuis quelques jours. Quand le colonel eut constaté que son compatriote bénéficiait des mêmes égards qu'un blessé français en traitement à l'ambulance, il inscrivit au crayon quelques mots sur une carte de visite qu'il remit à M. Marx; puis ordonna à plusieurs troupiers boches qui se trouvaient là de se répandre dans le village pour y arrêter les incendies.

UNE PARENTHÈSE

Ces notes rapidement jetées sur le papier, au cours de conversations avec les acteurs d'un drame effroyable, ne sauraient, le lecteur le devine, rendre qu'une idée très imparfaite des sentiments, des impressions suggérés par les attitudes, les réfléxions, les intonations même de mes interlocuteurs :

M. GODIN de physionomie ouverte et sympathique, le prêtre à fois intelligent et résolu ; — Mme MARX, une jeune femme blonde et douce en qui tout respire la bonté ; — Sœur ALOYSIA, religieuse modeste et effacée, au beau visage grave, qui semble gênée par le récit des actes qu'elle accomplit si simplement... j'allais dire si saintement...

Sœur Aloysia serait d'origine allemande, mais s'est fait naturaliser belge, voici une dizaine d'années, me dit-on. Comme Mme Marx, elle n'a écouté que son cœur de femme. Au milieu du danger elle a vu qu'il lui serait possible de sauver ses blessés et rien ne l'a plus arrêtée...

J'exprime à Mme MARX et aux sœurs ALOYSIA et St-PIERRE, avec mon admiration, la reconnaissance de tous les Français qui connaîtront leur belle conduite. Les nobles femmes me répondent : « Je n'ai rien fait que mon devoir... je regrette de n'avoir pu donner davantage pour les blessés de chez vous... ! »

L'accent de sincérité, la parfaite sérénité avec lesquelles ces paroles sont prononcées m'émeuvent au-delà de toute expression. C'est donc ainsi que notre France et ses soldats sont aimés sur une terre étrangère !.....

Sœur Aloysia, Madame Marx sont de ces grandes et nobles figures de femmes que la guerre a rendues sœurs de nos héros, dignes aussi des récompenses que la Patrie a décernées aux meilleurs et aux plus vaillants de ses fils.

J'espère que la France victorieuse n'oubliera ni sœur Aloysia, ni Madame Marx.

Déclaration de M. Schreder Louis

De ma maison, située sur le champ de bataille du 22 août 1914, entre Signeulx et Baranzy, j'ai assisté à la résistance héroïque de l'infanterie française à l'avance des Allemands.

Jusqu'à la fin du combat un officier français répétait cet encouragement à ses hommes : « Allons ! n'oublions pas que nous sommes les enfants de la France ! » et chaque soldat se prodiguait pour remplir son devoir. Les blessés faisaient le coup de feu, et ceux qui ne pouvaient plus tirer rechargeaient les fusils pour les passer à leurs camarades moins atteints.

Cet officier, se dévouant sans compter, trouva encore, au milieu de la lutte, le moyen de conduire plusieurs blessés dans une cave et de les panser sommairement.

Lorsque les Boches s'emparèrent de la maison, ce héros fut arrêté dans ma cave avec ma sœur (1) et mes trois ouvriers. Un des soldats allemands qui le firent prisonnier avait tiré des coups de fusil dans la cage de l'escalier. L'officier essuya les mauvais traitements dont il va être question et assista aux événements qui suivirent.

Mes ouvriers Collignon Paul, Brillot Léon, Schmitz Edouard pourront confirmer l'exactitude des faits que je rapporte ici :

Entouré par les Boches je fus menacé de mort et tandis que l'un d'eux, le revolver au poing, me tenait en respect dans mon magasin de graines, les autres arrachaient, brisaient tout dans la maison.

Quand elle fut à sac, ils y mirent le feu, après avoir sorti mes cinq chevaux de leur écurie.

Mon sixième cheval avait été tué pendant le combat.

Sous les coups, je fus conduit à quelques cent mètres de chez moi, près de mon magasin à pétrole tout criblé de balles et entouré de morts et de blessés.

Un même sort était réservé à ma sœur et à deux de mes ouvriers.

Quant au troisième : Collignon, il avait été renversé d'un coup de crosse en passant le seuil de la maison.

Nous essuyâmes mille menaces, accompagnées de gestes violents.

On nous couchait en joue au moment où un officier boche, ganté, le casque à pointe à la main, et tout gesticulant, arriva de la direction de Baranzy en criant : « Halte ! Prisonniers ! »

Sur la pelouse, devant ma maison, un malheureux soldat français, désarmé, levait les bras en l'air et demandait grâce au nom de ses cinq enfants. Je le vis abattre d'un coup de revolver par un gradé allemand, puis un

(1) Une jeune fille, d'une vingtaine d'années à peine, en 1914.

soldat boche s'approcha et larda le cadavre à coups de baïonnette.

Un Allemand, — un officier sans doute, — s'obstinait à dire à ma sœur : « Vous avez tiré... vous avez tiré... » Quand il fut las de répéter cette affirmation ridicule, il ordonna à deux de ses soudards d'emmener la pauvre fille à Baranzy. En route, les deux brutes maltraitèrent cette enfant, lui portèrent un coup de baïonnette dans les reins.

A Baranzy, ma sœur fut menée à l'église, où elle fut pansée, près du confessionnal. Des prisonniers civils étaient déjà réunis dans cet édifice.

Mes ouvriers et moi, reçûmes l'ordre de transporter, sous escorte, un blessé allemand à Baranzy. Celà nous donna l'occasion de voir ce qui se passait sur le champ de bataille. A plusieurs reprises nous vîmes des Allemands achever des blessés français inoffensifs.

Du 22 au 26 août dans la matinée, je fus parqué avec de nombreux prisonniers civils, des vieillards, des hommes et des femmes, ainsi que des soldats français, dans le verger de M. Ollivier, vétérinaire à Baranzy (1).

Sous la garde de Boches qui nous surveillaient, baïonnette au canon, nous restâmes là pendant plusieurs jours, sans soins et sans autre nourriture que les fruits que nous cueillions. Une seule fois on nous donna des pommes de terre et du lard. Pour ma part, j'eus deux pommes de terre et gros comme une noix de lard.

Dans cet enclos et devant tous mes camarades de captivité, les Allemands fusillèrent MM. Blanchard, Pierre et Reizer. Les cadavres de ces trois martyrs restèrent étendus sur le sol jusqu'au moment où Mme Pierre et ses cinq enfants tentèrent d'approcher du corps de M. Pierre.

Les Allemands forcèrent alors quelques-uns de nous à creuser un trou et les cadavres des trois innocentes victimes y furent jetés.

M. Blanchard eut une fin particulièrement courageuse. Il tomba en vrai héros en criant : « Vive la Belgique !... nous serons vengés !... »

Le mercredi 26 août, les hommes prisonniers durent prendre à pied le chemin d'Arlon.

Tout le long de la route, ils furent insultés, menacés, maltraités, principalement par les troupes qu'ils croisaient.

Nous partîmes d'Arlon dans des wagons à bestiaux où l'on nous empila sans souci de la place disponible. Nous ne pouvions même pas nous asseoir tant nous étions nombreux.

On nous débarqua à Ohrdrief où l'on nous envoya croupir pendant deux mois dans une écurie. Nous man-

(1) Voir plus loin la déclaration de M. Ollivier.

quions de tout et notre détresse était affreuse...

Notre calvaire se prolongea pendant quinze mois à Hassenberg et à Holzminden.

Nous sommes enfin revenus vers nos ruines.

Nous espérons que jamais nos amis n'oublieront la lâcheté et la barbarie des Boches.

Signé : Louis SCHREDER.

Déclaration de M Léon Brilot (1)

« J'ai vu sur la pelouse (2), fusiller un soldat français qui demandait grâce pour ses cinq enfants. Quand sur le champ de bataille les Allemands voyaient un blessé respirer encore, ils l'achevaient à coups de crosse.

« Pendant notre séjour à Baranzy, j'ai vu un chariot de blessés dont on prenait autant de soin que si ç'avait été des fagots (sic).

« Dans l'église de Baranzy, il y avait quelques blessés français, s'ils réclamaient de l'eau, les Allemands leur en donnaient quand ils n'avaient rien d'autre à faire. Pendant ce temps les Boches pillaient le village, vidaient les caves. Il n'y avait rien de trop bon pour eux... »

Signé : Léon BRILOT.

Le Colonel GERARDIN

chez Mme Vve Gérard-Derlet

Ayant appris qu'un officier français blessé avait été recueilli et soigné chez Mme Vve Gérard-Derlet, à Signeulx, je demande à M. le curé Godin si cet officier ne serait pas le colonel Gérardin, commandant le 113e régiment d'infanterie. Ce nom est bien celui qui a été donné à M. Godin. Je me rends donc chez Mme Vve Gérard-Derlet qui habite dans le village, sur le côté gauche de la grande route de Virton à Baranzy. Là, je demande des renseignements qui me sont aussitôt fournis avec la plus grande amabilité par la digne femme et son fils, un robuste garçon d'une trentaine d'années.

Déclaration de Mme Vve Gérard-Derlet

Le 113e régiment d'infanterie arriva à Signeulx le 21 août, vers midi. Il s'installa aussitôt dans le village et Mme Vve Gérard-Derlet reçut chez elle M. le colonel Gérardin ainsi qu'un officier dont elle a oublié le nom.

Le 22 août, vers 7 heures du matin, alors que le combat faisait rage, M. le colonnel Gérardin, blessé, après avoir été évacué sur une maison de Signeulx, était ramené

---

(1) Extrait d'une lettre de M. Léon Brilot à son ancien patron M. Louis Schreder, en date du 5 mars 1919.

(2) De la maison Schreder.

chez Mme Vve Gérard-Derlet. Il avait reçu une balle au côté gauche de la poitrine (à peu près à la hauteur du sein) et paraissait beaucoup souffrir. Le colonel fut étendu sur un matelas dans la salle à manger, et, comme son état donnait de graves inquiétudes, vers 11 heures du matin, M. le curé Godin vint lui administrer les derniers sacrements. Le commandant du 113e fut tranquille jusqu'à 18 heures.

A ce moment, des Boches ayant appris dans le bourg (qu'ils occupaient depuis 11 heures), qu'un officier supérieur français blessé, logeait chez Mme Vve Gérard, se présentèrent et demandèrent des explications. Au cours de la conversation un Allemand questionna : « Qu'est-ce que le colonel prend ? »

On lui répondit pensant au petit déjeuner et sans bien saisir où le Boche voulait en venir : « Du chocolat ou du café au lait... » — « Ce n'est pas bon ! firent les Boches, nous enverrons du champagne... » Et de fait, ils envoyèrent peu après une bouteille de champagne, (dont le colonel ne but qu'une très petite quantité)... et une sentinelle en armes. Celle-ci garda désormais la porte de Mme Vve Gérard.

Le colonel, dans sa faiblesse et ses souffrances, était particulièrement préoccupé par le sort que ses papiers allaient subir. A plusieurs reprises, il répéta à son ordonnance, Loyau Henri, soldat du 113e régiment d'infanterie, originaire de Mont (Loir-et-Cher) : « Surtout ne donne ni ma sacoche, ni mon revolver ! »

Les papiers avaient déjà été brûlés par Henri Loyau et le fils de la maison. Pour mieux dérouter les recherches des Allemands, les cendres avaient même été portées dans la porcherie pour y être réduites en poussière.

Le colonel avait grandement raison de craindre pour les documents dont il était porteur, ainsi que pour les sommes qui lui appartenaient.

Il avait tenté vainement de remettre à Mme Vve Gérard l'argent qu'il avait sur lui ; l'arrivée inopinée d'un tiers l'empêcha de mettre ce projet à exécution et le 23 août il fut trop tard pour sauver quoi que ce soit, car les Boches, en revenant, firent main basse sur tout ce qu'ils découvrirent.

Quand ils eurent pris son argent les Allemands tendirent au colonel un reçu qu'il refusa. Sans plus d'émoi, les voleurs glissèrent leur papier dans la chemise entrebaillée de l'officier qu'ils venaient de dépouiller. L'ordonnance du colonel Gérardin, Loyau Henri, assista à la scène.

Vers le 25 ou le 26 août 1914, estimant sans doute qu'il y avait lieu de faire un envoi de prisonniers sur leur belle patrie, les Allemands envoyèrent prendre le colonel Gérardin par une voiture. Mais quelle voiture !... Un chariot de paysan dans lequel le malheureux blessé, encadré par des troupiers boches, dut, cahoté, secoué, gagner l'hôtellerie de Gorcy (1).

Apitoyée par le sort de cet officier supérieur français qu'elle voyait si grièvement blessé et traité d'une manière aussi odieuse, au moment du départ de la charrette, Mme Vve Gérard passa un coussin sous la tête du colonel du 113e et lui souhaita une prompte guérison.

Depuis lors, Mme Vve Gérard ne reçut d'autres nouvelles que cette lettre :

« Gorcy, 21 septembre 1914.

« Chère Madame,

« Depuis que nous vous avons quittée, mon colonel et moi, nous sommes restés à l'hôtel de Gorcy où mon colonel reçoit de bons soins.

Le voyage avait été fatigant, et nous avons beaucoup craint pour mon colonel, mais aujourd'hui, j'ai le bonheur de vous apprendre qu'il va de mieux en mieux quoique bien doucement. Il n'a pas encore quitté le lit et il faut attendre encore plusieurs semaines.

Nous avions avec nous beaucoup de blessés, mais les Allemands les ont fait évacuer chez eux il y a deux semaines et il a fallu faire des démarches pour que mon colonel qui n'aurait pu subir un pareil voyage, reste à Gorcy. Mais je crois qu'il n'y sera pas longtemps car aussitôt qu'il pourra subir le voyage on nous enverra aussi en Allemagne. Quand nous vous avons quittée, nous vous avons pris une couverture, alors je vous la fais parvenir par la même occasion que ce petit mot.

Mon colonel me charge de vous adresser ses remerciements les plus sincères ainsi que ses meilleures affections.

Je vous prie de recevoir mes meilleures salutations ainsi que votre cher fils et j'espère que le bon Dieu vous protègera l'un et l'autre pendant les misères de la guerre.

Recevez, chère Madame, mes sentiments les plus affectueux. »

Henri LOYAU,
brancardier, hôtellerie de Gorcy.

Cette lettre, une carte postale illustrée portant l'adresse de M. Henri Loyau à Mont (Loir-et-Cher) et un peu de linge ayant appartenu au colonel Gérardin. voilà tout ce qui reste à Mme veuve Gérard des Français qui ont séjourné chez elle en août-septembre 1914.

Ayant pris connaissance du récit qui précède Mme veuve Gérard l'a signé :

Marie DERLET.

(1) Gorcy, village français à deux lieues de Signeulx environ.

Mme veuve Gérard ajoute : « le 23 août, vers 10 heures du matin, le lieutenant Marcel Garnier (du 4e régiment d'infanterie ou du 113e), blessé de la veille et logé chez moi, me demande où il pourrait acheter du linge parce que, sur le champ de bataille les Allemands lui avaient volé tout ce qu'il portait : montre, effets de rechange, etc.

Le lieutenant Garnier était blessé à la cuisse. Transporté par les Allemands au camp de Magdebourg, il écrivit au bourgmestre de Bleid le 1er mars 1915 pour obtenir des nouvelles de ses compagnons d'armes et notamment de son capitaine, puis, si possible, la liste des soldats et officiers enterrés à Signeulx.

M. Jules Gérard, au cours d'une conversation avec le lieutenant Garnier, a appris de celui-ci qu'il était employé à l'Hôtel de Ville à Paris.

Ayant pris connaissance du récit qui précède M. Jules Gérard l'a signé en présence de sa mère Mme veuve Gérard Derlet :

GERARD Jules.

BARANZY

et le cimetière de Baranzy

Quittant Signeulx, la route de Virton à Athus laisse à gauche et à la sortie de Signeulx le chemin de Mussy-la-Ville (en bordure duquel, sur la droite et à un kilomètre, est installé le cimetière des Français tués au combat du 22 août 1914) puis file, après une petite côte, vers Baranzy.

A droite, je laisse la maison Schreder (1) puis plus loin le Petit Moulin, une ruine tragique située à droite et en contrebas de la route. J'atteins le cimetière de Baranzy. Ce cimetière fut créé dans les mêmes conditions que celui de Signeulx, mais il renferme des restes de soldats allemands.

A gauche de la grande voie, le cimetière, orienté vers le sud, s'étage en plans successifs sur le flanc du coteau. Le long du chemin, il est clos d'un grand mur dans lequel une double porte en fer forgé est percée. Cette porte se compose de deux piliers de pierre carrés, surmontés de chapiteaux sans ornementation. Ces deux chapiteaux sont réunis par un arc de plein cintre. La porte d'entrée

(1) Incendiée par les Boches le 22 août 1914. Ils fusillèrent là des prisonniers qu'ils nous avaient faits. Une quinzaine furent trouvés tués, les mains attachées derrière le dos.

est flanquée de deux fausses portes reproduisant le dessin de l'ouverture principale. L'ensemble est quelconque.

Le seuil franchi, je pénètre dans une petite cour intérieure au fond de laquelle, parallèlement à la route et au mur de clôture, s'élève un monument assez lourd, formé d'un cube de maçonnerie dans lequel une plaque de marbre est encastrée. Je lis (à gauche en allemand et à droite en français) cette inscription :

Sous cette terre reposent en paix
268 soldats allemands
884 soldats français
tombés pendant les combats
22 août 1914

Acceptons ces chiffres sous toutes réserves (1) et poursuivons notre visite. Le cube de maçonnerie sert de socle à une sorte de petit temple comportant sur chaque face trois piliers rectangulaires. Un petit chapiteau et une petite voûte en plein cintre les couronnent. Enfin, dominant le tout, un bloc de pierre formant toit.

Comme je l'ai déjà dit, le cimetière est installé sur le versant d'un coteau. Pour passer de la cour intérieure, située au niveau de la route au premier palier où les tombes sont creusées, il faut gravir dix-neuf marches d'un coté ou de l'autre du monument décrit ci-dessus. Ensuite on embrasse de ses regards l'immensité du cimetière. Il s'étend de la route à quatre-vingt ou cent mètres vers le nord, et des escaliers de trois marches permettent de monter jusqu'aux plans supérieurs les plus reculés.

Derrière le monument, un carré de sapins. Les bordures des allées, l'entourage extérieur, un massif de milieu sont encore plantés d'arbres de même essence. Cette partie de pure ornementation écartée, l'ensemble du cimetière se présente sous l'aspect de rectangles de terrain sur lesquels se dressent des croix, des croix à l'infini. Ces croix sont de pierre jaunâtre. Elles affectent une forme un peu spéciale ; les branches courtes et larges, plus développées aux extrémités ne rappellent en rien les croix en usage chez nous.

C'est mathématique, immense et d'une laideur, d'une tristesse insurmontables. En regagnant la route mes yeux s'arrêtent sur la vallée de la Vire et les collines qui la bornent du midi. Le contraste est saisissant entre ce paysage doux et harmonieux où nulle ligne n'est droite et brutale, où la nature ne procède que par nuances ou demi-teintes et le caractère géométrique, les couleurs

---

(1) D'après le plan que les Boches ont dressé des fosses après le combat du 22 août 1914 et dont j'ai la copie, ces chiffres ne correspondent certes pas à l'importance des pertes allemandes dans la région.

violentes qui s'opposent dans ce cimetière conçu, exécuté par les Boches.

Je poursuis mon voyage et j'atteins Baranzy — ou mieux ce qui fut Baranzy.

Pauvre village ! La plupart de ses maisons ont été détruites par les barbares et j'ai peine à trouver âme qui vive au long du chemin. Je m'arrête enfin à la porte de M. Ollivier, le vétérinaire du pays.

Chassé de Baranzy le 22 août 1914 au matin par l'invasion allemande, M. Ollivier ne me fournit que des indications sans grand intérêt, mais que je note en passant pour l'intelligence de ce qui s'est passé à Signeulx.

Déclaration de M. OLLIVIER
Vétérinaire à Baranzy

Dès le 21 août au soir, M. Ollivier se rendit compte que les Allemands, profitant du moindre repli de terrain, du moindre abri, s'avançaient sournoisement vers Signeulx. Ils descendaient de Musson : « Je voyais, dit M Ollivier, les soldats, couchés dans les sillons, épier le moment favorable pour avancer... A mesure que le temps passait, les Allemands progressaient en masses de plus en plus compactes. Toute la nuit, le bruit de troupes en marche troubla le village. Au matin l'artillerie allemande emplissait Baranzy.

« Dès que le jour parut, les avant-gardes françaises entrant en contact avec les Allemands, ouvrirent le feu. Des balles pénétrèrent dans ma maison... Je n'eus que le temps de partir avec ma famille, la bataille commençait... Je ne sais rien de ce qui s'est passé ensuite si ce n'est qu'il n'y eût à proprement parler aucun combat dans le bourg lui-même. Tout se déroula entre Signeulx où les Français s'étaient arrêtés la veille et Mussy d'où les Allemands, en forces considérables marchaient vers la frontière française. Pour moi, dès le début de l'affaire, l'issue de la bataille n'était pas douteuse, les Français devaient être écrasés. . »

M. Ollivier, questionné, cherche en vain quels habitants seraient en mesure de me fournir des précisions sur ce qui s'est passé à Baranzy le 22 août 1914.

« La population a été chassée par les Allemands, je vous répète d'ailleurs qu'on ne s'est pas battu ici et que les Français n'y sont pas venus... Tout ce que je puis vous dire, c'est qu'en rentrant chez moi, j'ai trouvé dans le jardin situé derrière ma maison, trois tombes de soldats français. Sur chacune figurait un petit carré de papier. Les voici..... :

Je prends les trois feuilles de papier grandes chacune comme une carte à jouer, et je déchiffre sur le Canson maculé de la boue ocre du pays, les trois inscriptions suivantes :

GOGLU 10e Cie du 131e d'infanterie Requiescat in pace	ROSSIGNOL 8e Cie du 131e d'infanterie Requiescat in pace

FOURNIER François Infanterie 131e ou 113e Mort au combat de Signeulx le 22 Août 1914 Requiescat in pace

Rien ne permet à M. Ollivier de donner des renseignements sur les soldats qui dorment leur dernier sommeil, dans son jardin, là-bas, à Baranzy-la-Morte.

Après avoir visité Signeulx et Baranzy, deux sommets du triangle où se termina l'existence de tant de fils de l'Orléanais, il était nécessaire de chercher à Mussy-la-Ville, troisième sommet de la figure géométrique, les derniers éclaircissements sur le drame sanglant du 22 août 1914.

La route de Baranzy à Mussy-la-Ville escalade d'abord le plateau où se disputa l'action fatale, puis descend par une pente sinueuse et rapide sur le gros bourg de Mussy.

MUSSY-LA-VILLE

Mussy est blottie au fonds d'une coquette vallée qui semble ouvrir vers le sud une brèche dans la colline sur laquelle la bataille se déroula.

A Mussy, les enfants des écoles témoignent de suite et assez clairement les sentiments dont leurs familles sont animées. La vue de l'uniforme français les transporte de joie et les gamins aux cris de : « Vive la France ! » m'emboitent le pas tandis que je me dirige, en l'absence du bourgmestre, vers le bureau du sécrétaire communal (secrétaire de mairie).

Déclaration du Secrétaire communal

Là, avec une netteté et une précision dont l'amabilité n'est point exclue, l'excellent fonctionnaire municipal, complétant parfois ses souvenirs auprès d'un vieillard de ses amis et d'un employé de l'Etat-Civil, me retrace ce qui s'est passé à Mussy-la-Ville à partir du 21 août 1914.

« Le 21 août 1914, vers 16 heures 1/2, un détachement de Français fit son entrée dans le pays. Fêtés par les habitants, les soldats dûrent se rafraîchir et goûter. Il y avait là 150 à 200 troupiers, tous pleins de confiance et d'entrain, qui brûlaient du désir de chasser le Boche.

« Vers 17 heures, les premiers coups de feu retentissent, une patrouille française apercevant des uhlans sur les hauteurs en direction de Baranzy, leur envoie quelques coups de fusil. Un uhlan est descendu par un gradé français.

« D'autres groupes se sont éloignés de Mussy dans la direction de Saint-Léger ou font des reconnaissances dans les environs. En plusieurs points vos soldats rencontrent des avant-gardes allemandes. De ci, delà, les fusils parlent et la nuit arrive pour mettre un terme à ces escarmouches. Les Français se replient alors sur Signeulx. Deux poilus ont été tués au cours des engagements de la soirée. Ce sont :

Marcel-Jules BRUERE, au 113e de ligne, né à Archigny (Vienne) ;

Gabriel GUICHET, du 113e, n° 1768.

« Les noms de ces soldats figurent aux registres des actes de l'état-civil de la commune de Mussy. Les cadavres ont été inhumés au cimetière de Baranzy.

« La nuit est calme, il faut attendre jusqu'à 6 heures du matin, à Mussy, pour savoir qu'une bataille est engagée entre les Français et les Allemands. Les Français, de Gorcy à Signeulx, attaquent les Boches. Il fait un brouillard très épais. Le bruit de la lutte augmente, se rapproche...

« Nous avons appris dans la suite qu'après avoir avec des forces bien moindres, tenté de chasser l'ennemi du plateau qui commande la vallée de la Basse-Vire, les Français, dans une charge à la baïonnette s'étaient jetés dans le piège que les Boches leur tendaient. Le résultat, nous l'avons vu : les vôtres par milliers, tués, blessés, couvrent les pentes de la colline qui descendent sur la route de Virton. Le massacre a été particulièrement effroyable au-dessus du Petit Moulin...

« A 11 heures du matin, les Allemands dévalent des hauteurs voisines, pénètrent en foule dans Mussy. Ils viennent de Saint-Léger, de Baranzy et ne tardent pas à s'installer chez nous comme en pays conquis.

« Sans plus de commentaires, voici le résumé de leurs exploits :

« A Mussy-la-Ville. les Allemands ont incendié cinquante-huit maisons, fusillé douze civils (sous le prétexte qu'ils avaient tiré sur les troupes allemandes).

« Le curé de Mussy, pris d'abord comme otage a été ligoté sur l'affût d'un canon et traîné pendant quatre jours de village en village jusqu'à Tellancourt. Sans nourriture, sous les injures, et paraît-il aussi sous les coups de ses bourreaux, après avoir gravi ce calvaire, le malheureux prêtre a été fusillé le 26 août 1914.

« Les caves, les magasins, les granges, les écuries, les étables ont été pillés, vidés de tout ce qu'ils contenaient. Enfin quarante huit chevaux ont été volés.

« Tel est le bilan de l'occupation d'un bourg belge par les champions de la kultur...

« Une quinzaine de Français blessés avaient été recueillis par les habitants et amenés à l'école des sœurs de Saint-Léger. Les Boches les dirigèrent sur Bleid (?).

« Mes concitoyens avaient recueilli des mourants, ramassé des morts sur le territoire de la commune. Les Boches, sous les plus terribles menaces, ordonnèrent que toutes les plaques d'identité, tous les papiers, bijoux, portemonnaie et portefeuilles découverts sur les Français fussent apportés chaque jour, à Signeulx, par deux habitants de Mussy : Marcel Etienne et Hennin Victor.

« Quoiqu'il en soit, M. le bourgmestre de Mussy-la-Ville, avec l'aide de ses administrés, put dresser une liste des Français tombés sur le territoire de la commune et inhumés sur le champ de bataille. »

Cette liste est incomplète pour les raisons que j'ai rapportées en relatant les déclarations de M. le curé Godin, mais elle peut néanmoins fournir des renseignements précieux.

L'identification des assassins, des incendiaires et des voleurs

En réponse à deux questions que j'avais posées à l'autorité municipale de Mussy-la-Ville, j'ai reçu la note ci-dessous de M. le bourgmestre de Mussy-la-Ville, le 17 janvier 1919 :

« Les troupes allemandes qui se trouvaient à Mussy-la-Ville au 22 août 1914 étaient les nos 124e, 125e, 2e compagnie et 127e d'infanterie de la 13e armée.

« Le nom du commandant de Signeulx à qui on a remis argent, montres, médailles, etc. se nomme (sic) Legband, ayant le grade de lieutenant.

« Se trouvait également à Signeulx un officier très âgé relevant les médailles. »

Ces renseignements sont parfaitement d'accord avec ceux fournis : pour le colonel Von Ebbinghauser, oberst du 125e d'infanterie, par M. Marx, chef de station à Signeulx ; pour le lieutenant Legband par M. le curé Godin.

A quand la mise en jugement des assassins, des incendiaires et des voleurs ?...

Le cimetière de Signeulx

Le cimetière de Signeulx, inauguré le 20 juin 1918, est installé à droite de la route de Signeulx à Mussy-la-Ville, sur le sommet du plateau qui domine Signeulx et la vallée de la Basse-Vire. Après avoir gravi une pente assez rapide, on accède à la grande nécropole par une barrière de bois, scellée dans un mur de pierres maçonnées sommairement. Une allée centrale s'ouvre sur un massif gazonné où furent primitivement enterrés des officiers qu'on transporta ensuite dans les cryptes du fond du cimetière.

A droite, à gauche et derrière ce massif s'alignent des rangées de tombes, toutes semblables, toutes surmontées de petites croix de pierre grise. Face à la route et à l'extrêmité-est de l'ossuaire, en descendant quelques marches, on parvient enfin à une cour pavée, en forme d'hémicycle. Au milieu, se dresse une haute croix de bois. Dans l'épaisseur du mur circulaire reposent quinze officiers et deux sergents (majors ?).

Les sous-officiers occupent les extrémités du demi-cercle et sur chaque côté de la maçonnerie où sont encastrées les sépultures une plaque de marbre a été posée. Sur l'une on lit en français et sur l'autre en allemand, l'inscription que voici :

ICI DORMENT LEUR
DERNIER SOMMEIL
15 OFFICIERS et 496
SOLDATS FRANÇAIS
ILS SONT MORTS EN
BRAVES EN DEFENDANT
LEUR PATRIE LE
22 AOUT 1914

Le cimetière semble créé de la veille. Il est dans un parfait état d'entretien.

M. le curé Godin (qui a bien voulu m'accompagner dans cette suprême et vaine visite à des gars de chez nous) me dit que les Allemands placèrent cette fondation sous sa garde et le rendirent responsable, ainsi que la population de Signeulx, des déprédations qui y seraient commises.

Une fête d'inauguration fut organisée par les Boches le 20 juin 1918 et le prêtre dut y prendre la parole.

Voici le discours que M. Godin prononça, discours que je reproduis à titre documentaire parce qu'on y sent percer les sentiments généreux que l'excellent homme avait peine à dissimuler malgré la réserve que lui imposaient les circonstances.

Allocution prononcée par M. le curé Godin, le 20 juin 1918, à l'inauguration du cimetière français à Signeulx

« Ici reposent les héros tombés pour la défense de la Patrie.

Ce sont ces tombes glorieuses qu'en ce jour le gouvernement allemand confie à nos soins.

Nous acceptons de grand cœur cette mission et nous nous engageons en notre nom et au nom de la population de Signeulx, à remplir fidèlement ce devoir sacré.

Comme prêtre, c'est-à-dire comme ministre d'une religion qui prêche l'égalité devant la mort et commande le respect dû à tous les morts, nous prenons volontiers cet engagement.

La croix à l'ombre de laquelle dorment ces braves, fait de ce lieu comme un sanctuaire que la religion seule peut entourer de tout le respect et de tout le soin qu'il réclame. C'est aussi cette croix qui symbolise, aux yeux des générations futures l'héroïque sacrifice consenti par ces nobles victimes : ils étaient jeunes, ils étaient beaux, ils étaient riches peut-être ; ils étaient certainement aimés, l'avenir leur souriait plein de promesses ; ils ont tout immolé parce qu'ils avaient au cœur deux grands amours : Dieu et Patrie !

Nous avons l'intime conviction que notre population de Signeulx aura à cœur de tenir la promesse que nous faisons en son nom. Le passé est garant de l'avenir : dès novembre 1914 elle avait tenu à orner et à fleurir toutes les tombes des soldats. Et quand il fut question d'ériger les cimetières de guerriers, elle n'eut qu'une crainte, celle de se voir enlever les restes de ces braves, morts sur son territoire.

Aujourd'hui, fière de posséder ce cimetière, elle promet de le respecter et de l'entretenir avec soin ; elle le promet au nom de la civilisation à laquelle elle appartient et aux yeux de qui, devant la mort, il n'y a plus ni ami, ni ennemi. Elle le promet surtout au nom de la foi chrétienne qu'elle professe et qui proclame les destinées éternelles de ceux qui sont morts.

Braves soldats, dormez en paix ! car au-dessus de vos tombes je vois deux mains qui se joignent et qui s'enlacent : la religion et la civilisation ! »

Tandis que nous parcourons lentement les allées du cimetière, M. le curé Godin me confie ses regrets. Il a reçu et reçoit encore de nombreuses familles françaises des lettres le suppliant de donner des indications sur les soldats dont la trace a été perdue à partir du 22 août 1914.

M. le curé de Signeulx est navré de ne pouvoir toujours fournir les renseignements attendus avec une si légitime impatience. Il n'a jamais eu entre les mains qu'une liste, celle des soldats enterrés par les habitants de Signeulx, sur les ordres et sous la surveillance des Allemands, à l'endroit même où les nôtres étaient tombés.

Je feuillette cette liste et trop souvent, hélas, je trouve un nom connu... la trace d'un homme que des parents attendent peut-être encore...

Lorsque nous quittons le cimetière de Signeulx, M. le curé Godin et moi, avant de redescendre vers le village, je pense en regardant là-bas, dans le sud, les bois qui jalonnent la frontière française, à tous ces braves gens dont les enfants dorment ici leur dernier sommeil. Pauvres héros, ils sont partis de leur foyer, ayant au cœur un rêve de gloire... La guerre, c'était pour eux le devoir patriotique à remplir, l'abdication de leur personne, de leur vie pour la plus noble des causes. Et ce sont ceux-là qui attirés dans un traquenard, ont été les victimes des plus lâches attentats. Assassinés, pillés, volés, jetés au charnier, puis relevés de la fosse commune pour être à nouveau dépouillés par un ennemi infâme, ils ont épuisé ainsi tous les outrages qui peuvent être réservés au soldat qui tombe.

En face de nous, le mont de Saint-Pancré emplit la moitié de l'horizon de sa masse. Derrière lui, fermant le ciel, ce sont les premiers versants de la terre de France et les bois gris qui les couvrent. Dans la vallée, au pied du coteau, Signeulx profile sa silhouette sombre sur l'étendue des cultures. Seul le clocher de l'église se détache du hameau et lutte de hauteur avec un groupe de peupliers noirs qui surgit en face de nous.

Sur nos têtes un ciel opaque s'emplit de nuages lourds de pluie. Pas un bruit ne monte du village, rien ne trouble le recueillement de ce paysage sur lequel l'aile de la mort battit en si furieux coups le 22 août 1914 que, pour une éternité la nature reste muette, frappée d'épouvante.

Je quitte l'ossuaire de Signeulx, le « kolossal » cimetière où sous un décor théâtral, les Boches ont cru faire disparaître le souvenir même de leurs crimes inexpiables. Et quand je m'éloigne, le cœur serré par l'évocation de tant d'événements atroces, les yeux gardant à tout jamais la vision de ce site et de cette nécropole glacés, j'emporte aussi en moi une leçon de haine qui n'est pas près de déserter ma mémoire.

SIGNEULX ! 22 AOUT 19.4..... Un nom, une date — pour toujours.

14 janvier 1919

Atrocités savantes
Cimetières et disparus
Conclusion

Nous voici arrivé au terme de notre pélerinage. De Signeulx à Mussy-la-Ville, en passant par Baranzy, nous avons recueilli des témoignages auprès de personnes dignes de foi, nous avons sans autre souci que l'exposé précis des faits, dégagé peu à peu le caractère des méthodes adoptées par les Allemands.

La phrase empruntée à la lettre de Guillaume à François-Joseph et placée en épigraphe de ce livre, résume le but poursuivi et les moyens d'y parvenir.

« Faire la guerre aussi cruelle que possible pour démoraliser l'adversaire et provoquer rapidement la conclusion de la paix », tel est le credo du Boche et sous le couvert de cet article de foi, c'est gaiement, de sang-froid, qu'il a assassiné à coups de fusil, de baïonnettes, de crosses, de haches et de fourches les civils, les prisonniers et les blessés. Il brûle les ambulances avec les impotents qu'elles contiennent (Gomery); il attire des villageois sans défense dans un guet-apens (Latour): il massacre délibérément des enfants de quelques mois (Ethe) pour le triomphe de la Kultur. Il incendie, viole, pille et fait ripaille. Les habitants expulsés ou fusillés, tranquille, il rapine et bâfre.

Enfin, non content d'accumuler des milliers de victimes, belligérants ou non, sur le champ de bataille ou dans les bourgs avoisinants, de s'empiffrer et de cambrioler, il recourt à un procédé scientifique d'extermination déjà révélé par l'évacuation odieuse du colonel Gérardin (113e d'infanterie) de Signeulx sur Gorcy. Il transporte de grands blessés, des amputés de quelques jours dans des conditions telles que leur mort est inévitable.

Lisez plutôt le témoignage du docteur Fostie, professeur de chirurgie à Virton.

Déclaration du docteur FOSTIE (1)

Deux mots seulement pour apporter une preuve de plus en plus péremptoire de la conduite ignoble des Boches intellectuels — qui se targuent de haute kultur ! Ceci se rapporte à la conduite d'un appelé Zinker, soi-disant spécialiste pour les maladies des yeux, de la gorge et du nez, vis-à-vis des blessés français après la bataille des **22, 23** et **24** août **1914** à Virton.

Cette bataille a tenu pendant trois jours une partie de la Ve armée allemande en échec, a occasionné des pertes sensibles aux deux armées combattantes, mais les Boches ont surtout souffert en hommes mis hors de combat et en tués.

Impossible de se rendre compte des pertes subies par nos adversaires, car les uhlans avaient soin chaque nuit d'enlever les morts et de ne laisser sur le théâtre de leurs massacres que les soldats français qu'ils avaient eu soin de dévaliser.

---

(1) Déclaration entièrement écrite de la main du docteur Fostie qui avec sa famille a rendu les plus signalés services à nos blessés pendant l'occupation. Je dois à l'obligeance du docteur Fostie communication de plusieurs listes de soldats français tués dans les environs de Virton.

Les nombreux cimetières érigés dans la contrée témoignent de l'âpreté de la lutte sur tout le front. Il résulte de ceci que les blessés furent également très nombreux.

Dans les huit ambulances de Virton, nous avons donné nos soins durant cinq mois à 800 blessés ; six médecins : trois militaires, les docteurs Chon, Levêque, Rouillet et trois civils rivalisaient de zèle en ces moments douloureux. Nous étions aidés par la population tout entière de la localité.

Pendant que remplis d'une sainte ardeur, nous mettions toutes les ressources de notre art et de notre charité à bien soigner nos chers blessés, nous avons été écœurés par la façon d'agir d'un homme soi-disant médecin des corps et qui n'était qu'une brute avide de cruautés.

Ecoutez : Le 8 septembre 1914, sans avoir pressenti aucune des personnes préposées aux soins des blessés, précipitamment l'homme aux mauvaises besognes fait avertir que la liste de ceux qui doivent être dirigés sur l'Allemagne était prête et que le départ aura lieu, dans 30 minutes, 3|4 d'heure au plus tard.

Dans une des ambulances, c'est le désarroi, les habillements sont tous confondus pour le lavage et la désinfection ; plus de bas, de souliers, bref, chacun s'affuble de ce qu'il peut trouver, voire même d'effets de civils apportés à la hâte.

Ceci était le côté comique de la chose, mais le côté tragique c'était l'enlèvement de soldats blessés grièvement, non transportables, pour un aussi long voyage.

Parfois il fallait attendre en gare de Saint-Mard depuis le matin jusqu'au soir, sans boire ni manger, et placés, comment ? dans des wagons à bestiaux. Les pleurs, les supplications, les remontrances des docteurs n'emeuvaient point cette brute impitoyable. Beaucoup de blessés transportés dans ces conditions mouraient en route ; aussi après le départ de cet homme néfaste, le successeur, un nommé Leyder m'avoue ceci : « Nous avons reçu des ordres : chaque mois nous devons envoyer un nombre déterminé de prisonniers chez nous, mais nous ne pouvons plus transporter les blessés tant qu'ils ne sont pas bien guéris, nous en avons trop perdu ».

L'aveu était sincère et à partir de ce moment le médecin boche prenait avis auprès des médecins-traitants avant de décider les départs.

Virton, le 24 janvier 1919,

Dr FOSTIE.

Est-ce que les horreurs vont s'arrêter là ? Le supposer serait mal connaître la hyène germanique.

Nos morts ont été enterrés, pêle-mêle, sur les champs de bataille, dans des fosses communes que les habitants ont dû creuser. Les Boches se sont déjà appropriés les trophées de la victoire : l'ordonnance logée chez M. le curé de Signeulx a pris une montre d'homme et une montre de femme, ses camarades ont empoché l'argent.....

Ce n'est pas tout.

Il est des morts qu'on a enterrés hâtivement sans vérifier s'ils ne gardaient pas de l'or ou des billets de banque en des pochettes cachées.

Il faut revoir celà de près.

C'est pourquoi le Boche fait cette trouvaille : la vertueuse Allemagne ouvrira de grandes centrales, nécropoles gigantesques où seront inhumés à nouveau nos héros. On accusera, auprès de pertes énormes pour la France, des déchets dérisoires pour l'empire tudesque (Deutschland uber alles) et des inscriptions hypocrites, gravées dans le marbre, célébreront à l'envi la gloire des braves soldats morts pour leur patrie... sur le cercueil des assassinés. Sous le couvert de cette glorification posthume, Germania fera le portemonnaie des cadavres.

Des plans fastueux sont dressés par Paffendorff, chef d'une administration régionale d'inhumation installée à Arlon. Un bureau des tombes (Graberburo) est créé à Virton et ce service, après avoir relevé la situation des fosses communes aux soldats tombés dans la lutte (ou sous les salves du peloton d'exécution) commence ses opérations.

L'emplacement des nouveaux cimetières est choisi sans souci des convenances des propriétaires du sol. Les municipalités reçoivent l'ordre d'édifier « la centrale » et force leur est d'obéir.

On verse à la commune d'Ethe 18 000 francs pour 60 à 70.000 francs de travaux à effectuer. Peu importe si la disparution des contribuables fusillés et la destruction des maisons rendent improbable le réglement des comptes. Le Boche veut faire vite et grand. Le travail doit être mené rondement.

Laissons la parole à M. Rauty, employé au secrétariat communal de Virton (un jeune homme d'intelligence très vive) qui me fournit les indications les plus sûres et les plus utiles pour cette partie de mon enquête :

Déclaration de M. RAUTY, *employé au secrétariat communal de Virton*

« En 1916, le gouverneur général allemand en Belgique, institua à Arlon un bureau chargé de la construction des cimetières militaires dans le Luxembourg belge. Ce service reçut la dénomination de Baubteilung der Zivilverwaltung à Arlon, et divers organismes sous sa direction furent installés dans chaque arrondissement : Graberburo (bureau des tombes).

Les communes furent obligées de fournir la main-d'œuvre. Leurs frais devaient être remboursés. Les plans et les travaux furent exécutés sous les ordres et la surveillance du Graberburo.

Les Allemands prétendaient poursuivre un double but : donner une sépulture plus convenable aux héros en les réunissant dans un cimetière et identifier les cadavres, lors de l'exhumation, grâce aux objets trouvés sur eux.

L'exhumation de 1 090 cadavres commença à Virton dans la première quinzaine de mars 1917. Les ouvriers de la ville, par groupes de deux, étaient obligés de déterrer les corps et de les présenter à deux soldats allemands du Graberburo, qui procédaient eux-mêmes aux recherches. Les Allemands n'opéraient que d'une manière superficielle (1). Seuls les premiers cadavres furent visités sérieusement.

L'exhumation donnait lieu aux formalités suivantes :

Un Boche dressait un procès-verbal d'exhumation (2). Il employait un imprimé portant avec un numéro d'ordre le chiffre de la fosse d'où le cadavre venait d'être enlevé. En effet, dès 1915, les troupes occupant notre région, avaient après enquête (3) planté des croix sur les fosses des champs de bataille, avaient numéroté celles-ci et reconnu approximativement le nombre et la nationalité des morts qu'elles contenaient. Le Protocoll portait enfin un dernier numéro qui rappelait la position des corps dans les fosses.

Les écritures passées, on déposait le cadavre dans un cercueil qui portait le numéro du procès-verbal. Les objets trouvés sur le mort étaient renfermés dans un sachet, timbré du même numéro.

Les cercueils furent enfouis les uns à côté des autres, dans les cimetières militaires. Un plan était dressé immédiatement pour permettre de retrouver plus tard l'emplacement des tombes. Nous avons demandé à plusieurs reprises une copie des procès-verbaux et du plan afin de pouvoir renseigner les familles. Nous n'avons rien obtenu.

Les objets trouvés furent expédiés au bureau central à Arlon. Nous ignorons ce qu'ils devinrent.

J'ai assisté comme délégué à la surveillance par la commune de Virton à l'exhumation d'un soldat français qui avait encore sa plaque d'identité : Peulier Louis, de Versailles, classe 1910. On trouva six pièces de vingt francs

---

(1) Sauf sans doute en ce qui concerne l'or et les billets, voir la déclaration de M. Allard fils, de Belmont. M. Rauty parle au point de vue de l'identification.

(2) Protokoll.

(3) Je possède le calque du plan ainsi dressé pour la région de Signeulx.

sur le cadavre. Les Boches promirent de les envoyer à la famille.

Plusieurs ouvriers de Virton furent témoins du fait. »

Virton, le 22 janvier 1919.
Signé : RAUTY.

On voit la duplicité du Boche. Il ne détrousse pas les cadavres, il prend l'argent pour l'envoyer aux familles !

J'ai entre les mains une liste de Français tombés à Signeulx. Cette liste a été dressée par un Allemand. En regard de beaucoup de noms de soldats figure l'indication de la somme et des bijoux qu'ils portaient. Les parents attendent encore les restitutions promises.

La Graberburo de Virton était composée du sergent Wolff, agent général gestionnaire des « Centrales » appointé à raison de 465 marks par mois ; du sous-officier Lorek (310 marks) et des soldats Cratz, Riebe, Hilger, Westenberger, Rittweger, Zemelka, Puhl et Kahler ; tous ces derniers à 248 marks. Ces hommes appartenaient à la 3e compagnie du 1er Mob. Landsturm, 2e bataillon de Cologne.

Le nommé Brose fut aussi employé au Graberburo de Virton, mais convaincu d'avoir soustrait (à son profit) les dépouilles de cadavres, il fut condamné en 1917 à trois ans de prison et chassé (1).

Les voleurs ne badinaient pas avec la probité de leurs subordonnés.

Le personnel du Graberburo avait reçu la défense formelle de communiquer le moindre renseignement sur l'identité des soldats exhumés. Une note du 21 avril 1917, émargée de Wolff, Tayssen, Rahner, Hilgers, Fabrais, Brose et Hoff en fait foi (2).

L'exhumation était faite par des civils payés à Virton à raison de huit francs par cadavre. Des cercueils (de bois blanc pour les soldats, de chêne pour les officiers) étaient fournis par la municipalité. La commune de Virton recevait quatre francs par cercueil de bois blanc et prenait à sa charge le supplément entraîné par les cercueils en chêne.

M. Rauty a expliqué le fonctionnement du service. Notons que les numéros inscrits sur les planchettes des tombes pourraient prêter à des erreurs. Un grand cimetière comme celui de Bellevue était divisé en sections. A chacune correspondait une lettre de l'alphabet. Il faut avoir non seulement le plan du cimetière et le numéro de la tombe, mais encore la lettre de la section pour parve-

(1) J'ai une copie du jugement entre les mains.
(2) J'ai la pièce entre les mains.

nir à déterminer la place exactement occupée par un mort.

Toutes ces indications figuraient aux archives du Bureau des tombes, archives que les Allemands tenaient secrètes ; mais il n'est pas de secret qui puisse être gardé par tant de personnes à la fois et le dernier objectif que j'assignai à mes recherches fut de découvrir le moyen d'obtenir ces archives.

Le 19 janvier 1919, Mlles de Gerlache qui m'avaient déjà fourni, avec une amabilité inépuisable, tous les renseignements que j'avais pu leur demander, me communiquaient une lettre précieuse.

Une jeune fille employée au Graberburo de Virton, pendant l'occupation allemande, leur indiquait l'adresse à laquelle les archives étaient expédiées : Reichsamt der Inneren à Berlin ; et l'adresse de Paffendorff, grand architecte constructeur des « Centrales » : Ludwig Paffendorff, Koln am Rhein, Ubierring, 57.

Le soir même je faisais part de ces trouvailles à M. l'Intendant militaire Directeur du XIe Corps d'armée Dano, qui devant l'immense intérêt présenté par l'identification de nos disparus à l'aide d'archives officielles allemandes, n'hésitait pas à m'emmener de suite trouver M. le lieutenant colonel Durosoy, chef d'Etat-Major du XIe Corps d'armée.

Invité à poursuivre activement mes recherches, je ne tardai pas à les compléter de manière à fixer l'autorité militaire sur les méthodes employées par le Graberburo.

D'abord l'adresse du chef du Graberburo de Virton le sergent Wolff : Siegengebirge allée n° 11, Klettenberg à Cologne ; puis l'adresse du sous-officier Lorek Johann, Kaisertrasse, 69, à Konigshutte.

Ce dernier renseignement m'était donné par Mlles de Gerlache qui avaient l'obligeance de me remettre des copies de quelques fragments d'archives du Graberburo :

Liste des Français fusillés à Gomery ou tombés sur le champ de bataille le 22 août 1914.

Liste des Français inhumés au cimetière de Latour.

Liste des Français inhumés au cimetière de Laclaireau.

Dès le 21 janvier 1919, j'adressai au commandement un rapport contenant ces indications et ces pièces, et de plus la liste des morts de Signeulx, de Bellevue et une dernière liste indiquant les tombes de quelques officiers français, telles qu'elles avaient été notées lors de l'inhumation de 1917 au cimetière de Bellevue.

Je versai en même temps les livrets, carnets de campagne et tous objets ayant appartenu à des soldats français et qui m'avaient été remis par les habitants au cours de mon enquête.

Ma tâche est actuellement terminée, si j'ai donné à mes lecteurs des raisons de ne jamais oublier la fourberie et la férocité allemandes, si j'ai contribué à livrer des criminels aux mains de la justice des nations ; si j'ai, enfin, la vérité fût-elle terrible, aidé quelques familles françaises à savoir ce que leurs fils sont devenus, à retrouver la trace de héros inconnus, de martyrs que nous n'aimerons, que nous ne pleurerons jamais assez.

Coulanges, 5 février 1919.

Rapport sur l'identification des Morts et des Disparus

XIᵉ CORPS D'ARMÉE — Secteur 80, 21 janvier 1919.

—o—

Sous Intendance
des E. N. E.

—

Nº 181

L'attaché d'intendance FILLAY à Monsieur l'Intendant Militaire, Directeur du XIᵉ Corps d'Armée, Secteur 80.

J'ai l'honneur de vous rendre compte qu'à la suite des instructions verbales qui m'ont été données par M. le Chef d'Etat Major du XIᵉ Corps d'Armée en votre présence le 19 janvier 1919, j'ai poursuivi mon enquête sur les atrocités allemandes et les indications indispensables pour déterminer l'identité des officiers, sous-officiers et soldats français inhumés dans les cimetières ouverts par les Allemands dans les environs de Virton.

Les renseignements recueillis me permettent de vous apporter les précisions suivantes :

I. — *Identité des militaires français inhumés dans les cimetières allemands des environs de Virton*

Sous la direction du lieutenant Paffendorff, architecte, sous-chef de service à Namur pendant l'occupation, un bureau des tombes fonctionnait à Virton qui avait pour mission de faire procéder aux exhumations des cadavres français et allemands enterrés dans la région, à la reconnaissance de leur identité, à la rédaction d'un procès verbal (protocole) portant un numéro d'ordre répété : a) sur un sachet contenant tous les objets trouvés sur les cadavres ; b) sur le plan de chaque cimetière pour indiquer la nouvelle tombe du militaire ; c) sur la planchette installée à l'extrémité de chaque tombe dans chaque cimetière.

Le procès verbal d'exhumation faisait mention des objets découverts sur les cadavres (et notamment des sommes d'argent et des bijoux des morts).

Les opérations d'exhumation et d'inhumation subséquente étaient consignées sur des registres dont un fac-similé vous a été fourni par mes soins hier, 20 janvier, (Liste des Français inhumés au cimetière de Latour).

Ci-joint une nouvelle liste (Français inhumés à Laclaireau, pièce 1). Ces deux documents ont été fournis par un sous-officier allemand à des personnes des environs de Virton. Enfin une troisième liste (pièce 3) indique les tombes de quelques officiers français inhumés au grand cimetière de Bellevue, près Virton.

Les archives du Bureau des tombes (Graberkommando, Virton) étaient dirigées de Virton sur Berlin : Reichsamt der inneren. Le bureau des tombes était ainsi composé (pièce 2) :

Sergent Wolff ; Landsturm : Cratz, Riebe, Hilgers ; Unteroffizier Lorek ; Landsturm : Westenberger, Rit Weger, Zemelka, Pünl et Kahler.

Ces hommes appartenaient à la 3e Kompagnie du I. Mob. Landsturm Infanterie, 2e Bataillon, de Cologne (pièce 4).

Les adresses de Paffendorff et de Wolff, sont les suivantes : lieutenant Paffendorff Ludwig, Ubierring 57, Cologne sur le Rhin (lettre de Mlle Yvonne Dupont, communiquée le 20 janvier 1919) ; Wolff, sergent, Siebengebirg, allée n° 11, Klettenberg à Cologne.

Les archives permettant d'identifier les Français inhumés dans les cimetières allemands des environs de Virton (et peut être bien des autres régions voisines de l'ancien front) doivent se trouver soit à Berlin, au bureau des affaires intérieures, soit dans les services du lieutenant Paffendorff à Cologne. Ces archives indiqueraient quelles sommes, quels bijoux et quelles pièces ont été prises sur les cadavres par les Allemands et autoriser sinon la restitution du moins le paiement d'indemnités représentatives aux héritiers des morts par le gouvernement allemand.

Tout porte à croire que souvent les valeurs, l'argent et les bijoux trouvés sur les morts ont été appropriés par les Allemands et dès maintenant je suis en mesure d'apporter des preuves à l'appui de cette affirmation.

*
* *

L'identification des morts sera une tâche considérable c'est pourquoi les renseignements d'où qu'ils viennent ne peuvent être rejetés lorsqu'ils se présentent avec un caractère incontestable de sincérité.

J'ai donc l'honneur de vous adresser ci-joint :

1° une liste des Français tombés à la bataille de Virton le 22 août 1914 et inhumés dans le cimetière de Saint-Mard (pièce 5) ;

2° une liste des Français fusillés à Gomery ou tombés sur le champ de bataille le 22 août (pièce 6). Renseignements pris, le 23 août 1914, par Mlles de Gerlache lors des exhumations communiqués par ces demoiselles

3° une liste des Français tués (ou assassinés) au combat de Bellevue (près de Virton) le 22 août 1914, sur les territoires des communes d'Houdrigny et de Robelmont (pièce 7)

4° une liste des Français tués sur les territoires des communes de Mussy la-Ville, Musson et Bleid (21 22 août 1914) (pièce 8) Liste communiquée par M. le Bourgmestre de Mussy-la-Ville.

Liste des soldats Français

tombés les 21 et 22 août 1914 sur les territoires des communes de Mussy-la-Ville et de Baranzy

Cette liste a été dressée à l'aide de trois listes provenant :

la première de M. le Bourgmestre de Mussy-la-Ville,
la seconde de M. le curé Godin, de Signeulx,
la troisième du Graberbüro de Virton (1).

Les indications portées sur les deux premières listes étant presque entièrement identiques je n'ai pas cru devoir noter les différences relevées entre elles

Les indications portées sur la liste du Graberbüro sont signalées ci-dessous de la manière suivante : le signe — indique que le nom figure sur la liste du Graberbüro ; les mentions inscrites à la suite reproduisent : 1° le chiffre des sommes trouvées sur les morts, 2° les objets.

Augerceau Armand, 1912, Tours, —.
Auprerain Georges, 1912, Tours, 198, —, 1 fr.
Auclair Maurice, 1912, Orléans, 85, —.
Angebault Camille, 1912, Tours, 960, —.
Aubert Lucien, 1910, Orléans, 1541, sergent —, 191 fr.
d'Avrial, capitaine.

Baujouan Ambroise, 1910, Blois, 1434.
Bouteyre Désiré, 1913, Orléans, 633.

(1) Liste des soldats français tombés qui sont enterrés dans le cimetière de Mussy-la-Ville, établie et certifiée par M. L. Georges, Mussy-la Ville et M. Victor Henin, géomètre, Mussy-la Ville. Cette liste est antérieure aux exhumations et réexhumations de 1917.

Bréban Gabriel, Le Blanc, 425.
Bévaux Pierre, 1912, Tours, 1774.
Besse François, 1909, Blois, 841.
Baron Fernand, 1912, Auxerre, 916.
Baron Alphonse, 1911. Auxerre. 955
Boiron Marcel (1). 1910, Blois, 973, —.
Blanchard Gaston, Orléans, —.
Barrault, Montrésor, —.
Biotteau Léopold, 1905, Le Mans, —.
Bruneau Gaston, 1912, Blois, —.
Balgeau Emile, 1909. Châtellerault, 1341, —, 20 fr.
Budin Pierre, 1910. Blois, 817, —.
Blac Georges, ou Bloc, —.
Blineau, 1909, Blois, 1644, —, 4 fr. 50.
Buchet Armand, 1909, Blois, 2117, —.
Bernard Ernest, 1908, Châtellerault, 631, —.
Barbou Eugène, 1909 ou 1910. Blois, 1020, —.
Boureau Eugène, 1909, Châtellerault, 810, —.
Brunet Marcellin. 1910. Blois, 2052, —.
Brault Maurice. 1911, Châtellerault, 187, —.
Boutte Angèle, 1910, Châtellerault, 177, —.
Baratte Alexandre, 1909, Orléans, 686, —.
Béranger Marcel, Blois, —.
Bury Arsène.
Biolaud Joseph, 1912, Tours, ou Buland, —.
Brillaud Arthur, 1910, Blois, 2004, —, 14 fr.
Bellanger Gaston, 1911, Orléans, 1047, —, 30 fr. 50.
Bizeray Lucien, 1911, Blois, 72, ou Bozeray, —, 1 fr. 10.
Bizaierne Joseph, 1911, Orléans, 1615.
Brunet André, 1913, Melun, 200, —, 109 fr.
Buzon Edouard, 1913, Châtellerault, 293, —, 47 fr. 05.
Balon Emilien, 1910. Blois, 1740, —.
Bouille Pierre, 1910, Blois, 979 ou 919, —, 25 fr.
Baulieux (2), capitaine, 113e d'inf. 7e cie.

Cattale Maurice (voir Gallale)
Cartier François, Riom, —.
Chaussard Marius, 1913. Orléans, 51.
Couleyon Joseph, 1910, Tours, 182.
Chevalier Louis, 1910, Blois, 1581.
Chabert Louis, 1911, Le Blanc, 611.
Cormier François, 1913, Le Blanc, 180.
Courdeneau Jean, 1908, Le Blanc, 471.
Caussière Robert, 1913, Blois, 482.
Carré Florent, 1909, Blois, 750.

---

(1) 7e Cie du 113e, no 8361.

(2) Il résulte de renseignements recueillis que le capitaine Beaulieu, l'adjudant Cartier et le sergent-major Serra ont été inhumés dans le cimetière de Baranzy par MM. Charles Forgeur, mineur, et Albert Poncelet, peintre, de Musson, le 25 mai 1917.

Chausson Louis, 1912, Blois, 1921.
Château Gabriel, 1912, Le Blanc, 851.
Clichy Paul, 1910, Seine 4· b.
Coulmeaux Pierre, 1909, Blois, 1432.
Cousset Paul, 1911, Blois, 250.
Couturier Jean, 1911, Blois, —, 8 fr.
Chanfau Louis, 1911, Le Blanc.
Coignet René, 1912, Blois.
Catignon Julien, 1915, Le Blanc, 36.
Cattereau Constant, 1911, Le Blanc, 1306, —.
Colin Arsène, 1913, Le Blanc, 1240, —.
Cartier Georges, 1911, Châtellerault, 463, —.
Chapelain Auguste, 1911, Châtellerault, 270, —.
Couratin André, 1912, Le Blanc, 535, —.
Chapeau Charles, 1910, Blois, 1633, —, 33 fr. 50.
Cloussier Raoul, 1909, Blois, 374, —, 65 fr.
Chilou Louis, 1912, —.
Choussyard Ernest, 1910, Le Blanc, 10 fr.
Cornet Marcel, 1909, —.
Chevallier Camille, 1911, Blois, 1423, —. 2 fr.
Chevereau Emile, 1911, Blois, 1028, —, 4 fr. 30.
Cottet Louis, 1913, Le Blanc, 1494, —, 55 fr.
Corval Norbert, 1910, Châtellerault, 153, —.
Courlière Paul, 1909, Châtellerault, 893, —.
Courtin William, 1913, Blois, 267, —.
Chapré Georges, 1913, Le Blanc, 1168.
Charles Henri, 1911, Châtellerault, 630, —.
Compère René, 1911, Le Blanc, 1047, —.
Carré Pierre, 1909, Blois.
Chousse Henri, 1909.
Cloch Georges, 1910, Seine 4· b., 1819, —, 5 fr. 30.
Chaînard Alfred, 1912, Le Blanc, 708, —, 16 fr.
Chéry Jules, 1909, Blois, 158, —, 186 fr.
Caplain Edmond, 1912, Tours, 770, —.
Charbonnier Charles, —.
Chanoy Joseph, 1908, 2622, —.
Deraux Georges, 1911, Seine 3· b, 3102.
Demaphond Maurice, 1913, Tours, 634.
Delhommais Alfred, 1912, Tours, 1170.
Daillé Eugène, 1910, Châtellerault, 813.
Destouches Roger, 1913, Lè Blanc, 1023.
Deville Auguste, 1913, Le Blanc, 1377.
Donguet François, 1910, Versailles, 4791.
Dufour Romain, 1912, Blois, 1731.
Doriath Louis, 1910, Seine 1· b., 964.
Dupuy Maurice, 1913, Le Blanc, 31.
Dufour Eugène, —.
Deschamps Gaston, 1908, Châtellerault, —.
Durand Marcel, 1911, La Rochelle, —.
Delabrêche Gustave, 1908, Châtellerault.
Doron Gustave, 1908, Blois.

Desmerd René, 1910, Seine 4e b., 1377, ou Desmond, —.
Delacote Jules, 1911. Le Blanc, 1309, —.
Durand Armand, 1912, Orléans, 415, —, 13 fr. 50.
Dubois Maurice, 1911, Vannes. 198, —.
David François, 1909, Blois. 535, —.
Delmaire Jules. 1909, Châtellerault, 1265, —.
Davau Joseph, 1912, Blois. 50, —. montre.
Dupont Louis. 1913. Le Blanc, 1107, —.
Dion Emile. 1910, Châtellerault, 812, —.
Deschoux Pascal, 1910, —.
Delorme Léon, —.
Duclos Arthur, 1908. Blois, —.
Douxy Sylvain, 1909. Blois, 1626, —. 0 fr. 30.
Deshoyes Gédéon, 1908, Seine 4e b., 6, —.

Engel Albert. 1910, Versailles, 1884.
Epaulard Léon, 1910. Fontenay.
Echard Emile. 1973. Le Blanc, 108, —.
Eloy Emile, 1909, Blois, 1884.

Falleau Clobert, 1909, Orléans, 504.
Farau Georges, 1911. Rennes, 1600.
Fourniquet Henri, Seine, (voir Tourniquet).
Faucheux Théophile. 1911, Vannes, 1350, —.
Forestier Constant. 1908, Seine.
Franaveau Armand, 1910. Tours. 1073.
Fougoin Ernest, 1913. Orléans, 1076, —.
Faraud Pierre, 1911. Vannes, 1681. —.
Flenry Raymond, 1913, Tours. 1398, —, 10 fr.
Fournier Eugène. 1910. Tours, 757.
Farou Eugène, 1909, Blois, 595. —. 76 fr.
Fresneau Georges. 1908. Blois. 1875.
Fouquet Lucien, 1910. Tours. 498.
Fournier François, 113e ou 131e (1).

Gloislard Auguste, 1908, Tours, 177.
Germain Sylvain. 1913. Blois, 1689.
Gumbault Pierre, 1910, Le Blanc, 193.
Granger Prosper. 1910, Châtellerault, 804.
Grelot Joseph, Blois. —.
Girault Georges, 1908. Châtellerault, —, montre.
Graudou Georges. 1913. Le Blanc.
Goudin Eugène. 1912. Le Blanc, —.
Genty Pierre, 1914, Orléans, 1307, —.
Gatignon Julien, 1913, Le Blanc, 36, —.
Gaillard Marcel. 1912, Le Blanc, 46, ou Guillard, 462, —.
Gaston Gérard, Blois, —.
Guyot Eugène, 1909, Versailles, 4847, —, 35 fr.
Gallou Marcel, 1910. —.
Gérard Georges, 1912, Le Blanc, 569, —.

(1) Tombe dans le jardin de M Ollivier, vétérinaire à Baranzy.

Girault Jean, 1912, Le Blanc, 1204, —, 10 fr. 60.
Gousi Charles, 1907, Versailles, 5299, —, 9 fr.
Garnier Eugène, 1908, Blois, 584, —, 32 fr.
Gérard Alphonse, 1910, Blois, —.
Gagnon Fernand, 1912, Blois, 606, —.
Guilbert Raymond, 1913, Le Blanc, 878, —.
Grumbach Salomon, 1908, Seine, 3068, —.
Gattale Maurice, 1909, Le Blanc, —.
Gigaird Armand, 1912, Le Blanc, 43, —.
Giblet Maxime, 1909, Blois, 2211, —.
Garnier Louis, 1908, Blois, 557, —
Gougeois André, 1911, Versailles, 502, —.
Gigou Emile, 1909, —.
Gautis Sadi, ou Gautil, —.
Goubrit Georges, 1908, ou Goulnet, —.
Gorget Roger, ou Gouyet, —.
Guillemot Joseph, —.
Gillet André, Le Blanc, 702, —.
Gilbert Clément, 1912, Le Blanc, 222, —, 48 fr. 50.
Graizon Lucien, 1911, Le Blanc, 708, —.
Gentils Georges, 1910, Blois, 368, —.
Gaillard Sylvain, 1913, Le Blanc, 1388, —.
Germain Joseph, 1909, Blois, 662, —, 36 fr.
Gaillaux René, 1909, Blois, 1370, —, 32 fr.
Goglu (1) 10e Cie du 131e d'inf.

Hervé Marcel, Châtellerault.
Hallouin Marie, 1910, Blois, —.
Haudry Armand, 1910, Blois, —.
Hemmoy Auguste, 1909, Blois.
Hubert René, 1913, Blois.
Humbert Siméon, 1910, Blois, 2038, —.
Hénault Camille, 1913, —.
Hérault Charles, 1913, Le Blanc, 810, —.
Hillair ou Hiltair, Blois, —.
Henri Robert, Micaux (?).

Imbert Marcel, 1910, Blois, 117.
Imbert Félix, 1913, Le Blanc, 1731, —.

Jacquier Armand, 1913, Le Blanc, 880.
Joly Fabien, 1910, Blois, 265
Julien Marcel, Blois. —
Jouanneau René, 1909, Blois
Jouanneau Lucien, 1910, Blois.
Jacquaud Françis, 1910, Fontainebleau, 462.
Janvoie Edouard, 1910, Le Blanc, 1341, —.
Jourdain Désiré, 1910, Versailles, 4370, —.
Janvier Emile, 1912, Blois, 2057, —.

---

(1) Tombe dans le jardin de M. Ollivier, vétérinaire à Baranzy.

Joyeux Célestin, 1910, Le Blanc, 279, —.
Juteau Camille, 1912, Châtellerault, 1008, —.

Komaun Ch., ou Kormann, 1900, Melun, 597, —, anneau.

Leroux Louis, Blois, 6894, —, 48 fr.
Lamadeau Alcide, 1913, Blois, —, 79 fr.
Ledoux Aymard, 1909, Blois, 57. —, 260 fr.
Lavaud Jean, 1913, Le Blanc, 1287, —.
Lebeau Marcel, 1912, Le Blanc, 1312, —.
Lelarge Robert, 1912, Le Blanc, 656, —.
Lefranc Maurice, 1908, Blois, 58, —.
Lapage Albert, ou Lepouge, 1913, Blois, 695, —.
Lapierre Fernand, 1910, Le Blanc, 720, —.
Lavillonnier Charles, 1913, —.
Legros Georges, —.
Leblanc Julien, —.
Lepraite Henri, Blois, —.
Lainé Louis, 1909, Blois, 609, —, 31 fr.
Landry Joseph, 1911, Châtellerault, 152, —, 10 fr.
Leroy Joseph, 1910, Blois, 1039, —, 49 fr. 50.
Lelu Albert (1), Blois, —.
Lucas Joseph, 1912, Le Blanc, 163.
Lebrun André, 1913, Orléans, 2183.
Lepain Marcel, 1909, Blois, 831.
Lascat Marcel, 1910. Le Blanc, 1356.
Lechiffre Henri, Le Blanc, 1913, —.
Laller Emile, 1913, Le Blanc, —.
Lesourd Jean, 1912, Châtellerault, —, montre.
Lhéritier de Chézelles Jean, 1912, Le Blanc, —.
Lucas Denis, 1910, Blois, —.
Labroute Charles, 1910, Blois, —.
Labru Edmond, 1909, Seine, —.
Levêque Adrien, 1910, Blois, —.
Leduc Ferdinand, 1910, Blois, —.
L'herpinière Olivier, 1913, Blois ou Le Blanc, —.
Leroy Lucien, 1912, Seine 6e b., —.
Limbard Clément, 1911 ou 1910, Châtellerault, —.
Lerouge Maurice, 1912, Blois, —, montre.
Léotard Charles, 1908, Orléans, —.
Luquet Léopold, 1910, Blois.
Lemaître Joseph, 1912, Châtellerault.
Legeay Georges, 1910, Blois.
Leremoneult Alfred, 1912, Le Blanc.
Lafond Jean, 1911, Châtellerault.

Moreau Eugène, 1909, Blois, 474, —.
Meunier Robert, 1913, Versailles, 2642.
Michot Jean, 1912. Le Blanc, 1322.
Manie Maurice, 1910, Châtellerault, 911.

---

(1) Lelu Albert figure également sur des notes du Graberbüro de Virton avec cette mention : 10 fr. et une médaille du Christ.

Mordelet Albert, 1910, Blois, 480.
Morin Georges, Tours, —.
Moreau Maurice, 1913, Tours, —.
Marcadet Charles, 1910, Blois, —.
Maillet Henri, 1912, Châtellerault, —.
Marilleau Auguste, 1911, Châtellerault, —
Mauseaux Lucien, 1912.
Martin Charles, 1909, Blois.
Manigault Auguste, 1912, Le Blanc.
Morau Charles, 1909, Seine.
Moreau Léonard, 1911, Seine.
Manereau Marcel, 1913, Tours.
Massau Martin, 1910, Blois, 106, ou Massard, —.
Mitaine Louis, 1910, Blois, 1710, ou Melanc, —.
Moulaneau Edmond, 1909, Blois, 521, —, 7 fr. 50.
Mané Désiré, 1909, Blois, 463, —, 17 fr.
Marais Raoul, 1910, Blois, 1805, —.
Morisset Raoul, 1912, Blois, 304, —.
Maréchau Edouard, 1912, Le Blanc, 365, —.
Marchais Fernand, 1912, Le Blanc, 165, —.
Mannequin Lucien, 1912, Le Blanc, 245, —.
Malimard Maurice, 1910, Blois, 544, ou Molinard, —.
Martin Léo, 1912, Orléans, 850, ou Marlaud, —.
Masseault Charles, 1910, Blois, 1068, —.
Meunier George, 1910, Blois, 967, —.
Moreau Eugène, 1912, Châtellerault, 191.
Meunier Antoine, 1912, Châtellerault, 526, —.
Mortier Narcisse, 1910, Tours, 635, —.
Mulot Eugène, 1909, Blois, 1904, —.
Maudhuison Louis, 1910, Blois, 903, —.
Mugnat Auguste, 1912, ou Mignot, —
Marcheval Louis, 1911, —.
Maillard Albert, —.
Méry Marcel, 1911, Seine 2· b., 3319, —.
Mandard Raymond, 1910, Blois, 1821, —.
Moutas Henri, 1912, Châtellerault, 29, —, 2 fr. 20.
Martin René, 1912, Blois, 840, —.

Née Raphaël, 1910, Blois, 43.
Norguet Noël, 1910, Blois, —.
Navard Joseph, 1910, Blois, 892, —, 52 fr.
Nourrisson Raymond, 1911, —.
Niqueus Jules, 1909, Blois, 1368, —.
Nail Emile, 1913, Tours, 1883, —.

Ouvrard Armand, 1913, Châtellerault, 903, —.
Ouvrard Camille, 1910, Châtellerault, 243, —, 20 fr.

Pineau Fernand, 1909, Orléans, 832.
Peigné Camille, 1909, Blois, 303.
Prestat Henri, 1911, Seine 2· b., 3749.
Pageault Eugène, 1910, Châtellerault, 5778.
Pelletier Georges, 1913, Sens, 57.

Pommier Robert, Orléans, —.
Pessereau Roger, 1913, Tours.
Pellault André, 1912, Blois, —.
Pardessus Maurice, 1909, Blois, —.
Paumiet Lucien, 1913, Tours, —.
Péghaire Jean, 1911, Seine.
Purrile Jules, 1911, Seine.
Pineau Louis, 1910, Blois.
Pasquier Paul, 1910, Blois.
Pousse François, 1910, Blois.
Penoncier Gaston, 1913, Fontainebleau, ou Gustave, —.
Pennier Marie, 1913, Châtellerault, 659, —.
Pélerin Edouard, 1913, Châtellerault, 906, —.
Philippe Adrien, 1909, Châtellerault, 782, —.
Piqueux Georges-Joseph, 1913, Châtellerault, 240, —.
Piget Alfred, 1909, Châtellerault, 1402, —.
Pelte René, Orléans, 3537, —, 7 fr.
Ponsard Anselme, 1909, Blois, 1507, ou Auxile, —, 3 fr.
Pointeau Marius, 1913, Tours, 486, —, 019 fr. (?).
Penot Gustave, 1908, Châtellerault, 1168, —.
Poirier Jules, 1908, Blois, 450, —.
Pigneaux Jules, 1913, Châtellerault, 156, ou Peynoux, —.
Poot Albert, 1910, Blois, 2130, ou Port, —.
Prieux Abel, 1912, Blois, 1063.
Pierre Clément, 1910, Châtellerault, 784, —.
Pochereau Alexis, 1910, Blois, 701, —.
Popelin Henri, Orléans, —.
Potier Joseph, 1908.
Pasquier Georges, 1911, Seine 2· b., 5093, —, 1 fr.
Pétri ou Pétru Léon, Seine 4· b., 3730, —.
Poitou Gaston, 1910, Blois, 26, —, 12 fr. 70.
Prévost Désiré, 1910, Blois, 930, —, 2 fr.
Poisson Léon, 1910, Rennes, 1810, —.
Prudhon, Rennes, (enterré à St-Remy au sud de la rivière).

Quinard Maurice, 1911, Seine 6· b.
Quéry Pierre, 1910, Blois, 995, —.
Quentin Paul, 1912, Blois, 1918, —.

Rouget Lucien, 1908, Seine 4· b., 276.
Rion Amédée, 1909, Châtellerault, 530.
Renard Léon, Le Blanc, 1908, —, montre.
Roget Léon, 1910, Blois, —.
Remisse Marcel, 1908, Versailles, —.
Roncier Jean, 1910, Blois, —.
Rivière Georges, 1910, Blois, —.
Robé Louis, 1912, Tours, —.
Rondeau Camille, 1909, Blois.
Ravet Robert, 1912, Tours.
Renard Georges, 1913, Tours, 685, —.
Renoir François, 1911.
Rossignol Marcel, 1913, Châtellerault, 1087, —, 4 fr. 40.

Richette Alphonse, Tours, 1757, —.
Rossard Octave. 1910, Châtellerault, 501, —.
Rossignol Camille, 1910, Blois, 203, —.
Régnier Edouard, 1912, Blois, 205, —.
Raymond Marcel, 1908, Châtellerault, —.
Rosiméald Henri, 1899, —.
Roux Maurice, 1911, Seine 2e b., 269, —, 35 fr.
Reillon Georges, 1913, Châtellerault, 671, —, 13 fr.
Rousseau Alfred, 1913, Tours, 1528, —, 4 fr.
Régis Jules, 1910. Blois, 323, —, 48 fr. 50.
Reneaume Marcel, 1913, Châtellerault, 559, —, 14 fr. 20.
Rouballay Jules, 1911, Blois, 131.
Rossignol (1), 8e Cie du 131.

Sécos Henri, 1913, Tours.
Saillard Georges, 1910, Blois.
Schmidt Lucien, 1912, La Rochelle, —.
Sohier, 3756, ou Schier, —, montre.
Salmon Alexandre, 1909, Blois.
Souriou Ernest, 1909, Blois.
Sangleboeuf Marcel, 1909, Blois.
Sauterre René, 1911, Orléans.
Sutteau Paul, 1913, Tours, 693, —.
Savatier Daniel, 1913, Châtellerault, 47, —.
Soulat Henri, 1912, Blois, 1368, —.
Soulier Henri, 1912.
Sandis Joseph, 1913, Tours, 1246, —.
Schaeffer Pierre, 1912, Seine 2e b., 5465, —, 15 fr. 30.
Sauveau Jean, 1908, Orléans, 1253, —, 91 fr.
Sylvestre Edmond, 1913, Tours, 1466, —, 1 fr.
Sommaire René, 1911, Orléans, 312, —.

Thouet Pierre, 1912, Tours.
Touleron Charles, 1912, Blois.
Tondu Armand, 1910, Blois, 875, —.
Touzard Pierre, 1913, Tours, 1452, —.
Tièvre Albert, 1908, Versailles, 479, —.
Terpereau Albert, 1913, Tours, 1827, —.
Thomas René, 1909, Blois, 657, —, 95 fr.
Touchard Marcel, 1913, Tours, 697, —, 2 fr.
Tondereau Régis, 1910, Blois, 381, —, 39 fr.

Vervant Georges, 1910, Blois, 1669.
Villeret Gabriel, 1913, Tours, 1093.
Voy Elie, 1912, Tours, 793.
Verdier Henry, 1909, Seine 1e b., 222, —.
Van Brussel Jules, 1909, Seine.
Verdereau César, 1912, Blois, 1967, —.
Vérité Alexis, 1912, Tours, 47, —.
Vincent Théophile, 1913, Tours, 607, —.

---

(1) Tombe dans le jardin de M. Ollivier, vétérinaire à Baranzy.

Vigier-Lafosse André, 1913, Tours, 1092, —.
Verrier Henri, 1912, Tours, 1053, —, montre.
Valut Marcel, 1908, Versailles, 4445, —.
Verdier Edmond, 1908, Blois, 1931, —.
Volant Jean, 1912, Tours, 1226, —.
Venot (1), adjudant au 113e d'inf., inhumé au cimetière de Baranzy.

Noms portés en plus sur la liste du Graberbüro

Chapu Georges, 1913, Le Blanc, 1168.
Dresneau Georges, 1908, Blois, 1775.
Gespereau Roger, 1913, Tours.
Laillard Georges, 1910, Blois.
Licas Henri, 1913, Tours.
Loula Henri, 1912.
Pouguet Lucien, 1910, Tours, 498.
Prieux Albert, 1910, Blois, 1063.
Tournier Eugène, 1910, Tours, 757.
Tourniquet Henri, Seine, montre.
Sans nom, 3749, 9 fr.
Sans nom, 4746, 20 fr.

Liste des Morts d'aprés les registres de l'Hôpital de Montmédy (2)

Clément Emile, 1911, 3458, Baranzy.
Millourt Henri, Baranzy.
Cornig Pierre, Baranzy.
Didler, 1903, 1037, Baranzy.
Schneider Jules, 1911, 1917, Baranzy.
Sans nom, Baranzy.
Sans nom, 75, Baranzy.
Videl Eugène (du 113e), 1913, Orléans, 761, Bleid.
Goulette (3) Eugène (du 131e), Halanzy.
Mégret Alexandre, 1913, Blois, 892, Bleid.

Liste des soldats Français tombés dans la région de Virton les 22 et 23 aout 1914 (4)

Boissay Paul, Blois, Baranzy.

(1) Renseignements recueillis par l'auteur.
(2) Liste du Graberbüro de Virton.
(3) Voir plus loin liste allemande des soldats inhumés à Halanzy.
(4) Carnet du Graberbüro de Virton comprenant les noms des soldats tués à Ethe, Bellefontaine, Virton, Ville sur-la-Loue, Sommethonne, Bleid, Robelmont. Cette liste très importante s'arrête à la lettre *n*.

Brière Marcel (1), Châtellerault, Mussy-la-Ville.
Guichet Gabriel (1), Orléans, 1768, Mussy-la-Ville.

Liste des morts inhumés au cimetière d'Halanzy d'après le livre des malades de l'Hôpital de Montmédy (2)

Odin Paul, 46·, 1913, Bellechaume, 31-8-14, Sens, 58.
Guillon André, 89·, 1909.
Lhuissier Emile, 89·, 1913, Paris, Perreux, 28-8-14.
David Georges, 46 , 1909, 3-9-14.
Robert Harry, 113·, 1912, 29-8-14.
Le Brun Raoul, 4·, 1909, 27 8-14, Cosne, 620.
Fromonot Clovis, 1907, 28-8 14.
Lebert Edmond, 1910, 27-8-14.
Grivelett Gustave, 1908, 31-8-14, 1122.
Leménée Alfred, 1913, 4 9 14.
Méthivier Henri, 131·, 1904, 1 9-14, caporal.
Guétat Désiré, 113·, 1913. 31-8-14, 711, sergent.
Magot Lucien, 131·, 1913, 1-9-14, sergent.
Chaillou Léon, 131·, 1913, sergent.
Mouty René, 131·, Paris, 5-9-14.
Peyrault Louis. 4·, 1911, Paris, 2-9-14.
Gaudin Maurice, 131·, Coulommiers, 3-9-14.
Goulete Eugène, 131·, Paris, 3-9-14.

(1) Tué le 21 août à Mussy la-Ville. Voir chapitre Mussy-la-Ville.
(2) Liste du Graberbüro de Virton.

Table des Matières

Dans l'enquête que j'ai effectuée en Belgique, j'ai entendu de nombreux témoins et recueilli des renseignements et documents inédits sur les combats de la région de Virton : Ethe, Latour, Gomery, Bleid, Ruette, etc., (événements tragiques qui se sont déroulés, cimetières, etc.) Il ne s'est trouvé aucun éditeur pour imprimer ces documents et je n'ai pu prendre les frais de l'édition à ma charge. Seul le *Républicain Orléanais*, en France, et les *Nouvelles d'Arlon*, en Belgique, ont publié l'enquête. Les noms restent ignorés.

H. F.

Blois. — Imprimerie E. FROGER.

www.ingramcontent.com/pod-product-compliance
Ingram Content Group UK Ltd.
Pitfield, Milton Keynes, MK11 3LW, UK
UKHW021006180726
13838UKWH00003B/1471